Discover "New Japan" with
a passionate Rail Lover

鉄オタが熱弁する
シン・日本の楽しみ方

大学生の
YouTuber
園寺

KADOKAWA

はじめに

皆さん、はじめまして。西園寺と申します。
僕のことをご存じない方もいると思いますので、まずは自己紹介をさせていただきます。僕は大阪府高槻市で生まれ、幼少期を堺市や兵庫県姫路市で過ごし、そして今は再び高槻市に住んでいるという、生粋の関西人です。関西には鉄道の路線が網の目のように張り巡らされており、また、〝私鉄王国〟と言われるくらいJRと私鉄がダイヤやサービスで競い合っています。住んでいる場所の近くに鉄道が走っていたということもあって、子どもの頃から大の鉄道好きとして育ちました。

中学校や高校の部活動ではサッカーやバドミントンをやっていて、鉄道の趣味を表に出すことはあまりなかったのですが、高校の部活動を引退したのを機に、自分の趣味を生かしたことをなにかやってみようと思い、鉄道に関する動画配信を始めました

(このあたりのことは、56ページのコラムに書いています)。現在は大学に通いながら全国を巡り、その模様をYouTubeチャンネル「西園寺」で配信しています。

よく、「鉄道ファンには〝乗り鉄〟〝撮り鉄〟〝模型鉄〟などのジャンルがある」と言われますが、その分け方であれば僕自身は間違いなく〝乗り鉄〟です。時には飛行機や船も駆使しながら、さまざまな鉄道に乗り、同時にその地域の素晴らしい景色や美味しいものと出会うたびに、「この感動や楽しさを、いろんな形で多くの人に伝えたい」と思うようになりました。

この本は、これまでに公開した動画で盛り込んだ内容に加え、取材中のエピソードなどを取り混ぜながら、僕が皆さんにぜひ乗ってほしいと思う列車、見てほしいと思う景色、体験してほしいと思う内容を、エリアごとにまとめています。いつも動画をご覧いただいている方はもちろん、僕を初めて知ったという方でも、きっとお楽しみいただけるはずです。物心ついたときからの鉄オタである僕が、鉄オタだからこそ自信をもっておすすめする、42のシーン。どうぞお楽しみください。

Chapter 2 東北・北陸

Chapter 3 関東・東海

Chapter 6

九州・沖縄

STAFF
制作協力 / 茂野隆之［トラベーション］
ブックデザイン /
菊池祐、今住真由美［ライラック］
写真 / 山﨑友也
［レイルマンフォトオフィス］
構成協力 / 宮地正幸［動輪堂］
DTP・図版 / 野村幸布
校正 / 文字工房燦光
編集・写真協力 / 伊原 薫
編集 / 佐々木健太朗［KADOKAWA］
撮影協力 / 水間鉄道

★掲載内容は本書執筆時（2024年8月時点）の著者個人の見解であり、各社の運用や市場の変化によって異なる場合があります。
★掲載内容は必ずしも所属する組織や企業の意見を代表するものではありません。また一部は推定も含まれており、必ずしも事実を証明するものではありません。
★本書に登場する地図は、一部縮尺を変えて掲載しています。

Chapter

1

北海道

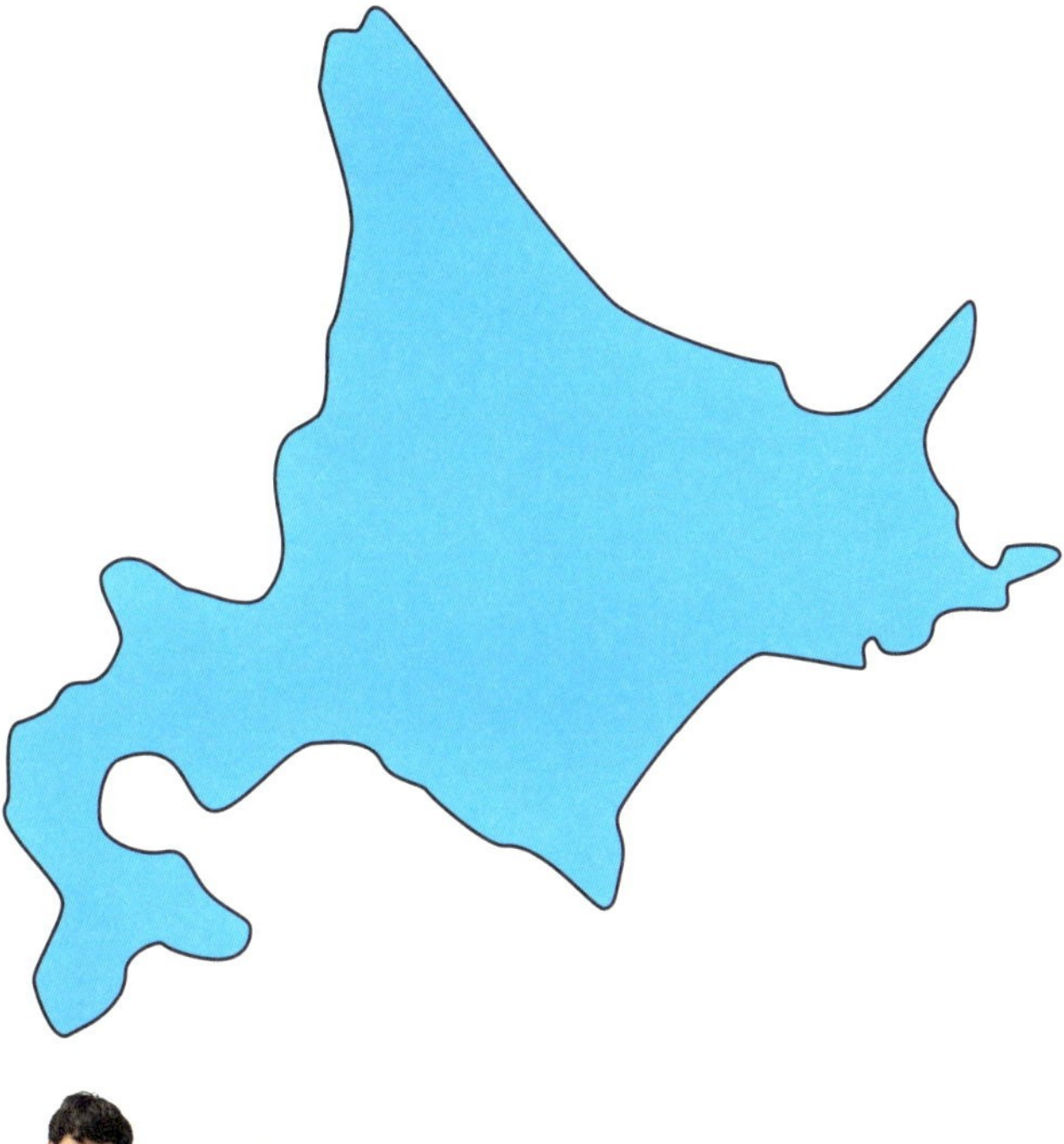

広大な“北の大地”には、鉄道でなければ見られない魅力的な風景がいっぱい。トロッコ列車に揺られたり、駅弁を味わったりして、存分に楽しみましょう。僕が乗車できなかった、憧れの寝台列車への思いもまとめました。

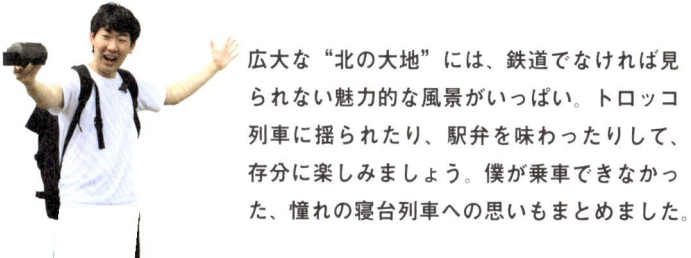

01

トワイライトエクスプレス

憧れだった寝台列車から眺めたかった数々の景色

当時の日本最高レベルだった豪華寝台列車！

関西の鉄道を見て育ち、鉄道ファンとなった僕にとって、ずっと憧れだった列車があります。それは、ＪＲ西日本が運行していた寝台列車、「トワイライトエクスプレス」です。「トワイライトエクスプレス」は、１９８９年に大阪と札幌を結ぶ列車としてデビューしました。寝台列車のことをブルートレインというように、日本では寝台列車の多くが青色でしたが、「トワイライトエクスプレス」は深緑色に黄色の帯をまとっていて、他の寝台列車にはない独特のオーラを放っていました。

北陸本線（現・ハピラインふくい）を走る寝台特急「トワイライトエクスプレス」。A寝台個室「スイート」「ロイヤル」のほか食堂車やサロンカーが連結されていました。

北海道に向かう寝台列車は、上野駅から出発する「北斗星《ほくとせい》」が1988年に運行を開始。部屋の中にシャワーやトイレを備えたA寝台個室「ロイヤル」を連結し、豪華寝台列車の元祖といわれています。「トワイライトエクスプレス」はこれに続く2つめの豪華寝台列車で、最後部に設けられたA寝台個室「スイート」が最大の特徴でした。2つの大きなベッドに加えて窓際にはソファもあり、「いつか、そこに座って去りゆく景色を独り占めしたい」と憧れたものです。

とはいえ、2015年に定期的な運行を終えた時点で、僕はまだ14歳。お金も時間もなかなか自由になりませんでしたから、いつも最寄り駅で見送るだけでした。通り過ぎる列車を眺めていると、サロンカーのソファでくつろぐ人や、食堂車で料理を注文する人の楽しそうな様子が、心底うらやましかったのを覚えています。

残念ながら「トワイライトエクスプレス」に乗るという夢は叶いませんでした。それゆえ、2023年にその伝統を受け継いだ「トワイライトエクスプレス瑞風《みずかぜ》」に乗りこんだ瞬間の感動は、今も鮮明に覚えています。「トワイライトエクスプレス瑞風」での体験については、YouTubeの動画をぜひご覧ください。

「寝るのがもったいない列車」vs.「寝ないともったいない列車」

では、もし「トワイライトエクスプレス」に乗ることができていたら、どんな景色が楽しめていたのでしょうか。

大阪駅を発車すると、まずは東海道本線を進みます。ふだん見慣れた景色も、この列車からならまた違って見えたことでしょう。日によっては、京都駅の手前で札幌発の「トワイライトエクスプレス」とすれ違うこともあります。琵琶湖を眺めながら食堂車でランチ

「トワイライトエクスプレス」に連結されていたＡ寝台個室「スイート」の室内。大阪発の下り列車では、流れゆく景色を独り占めすることができました。

を味わい、その後はサロンカーへ。北陸本線の途中駅では、特急「サンダーバード」などに追い抜かれる様子が大きな窓から眺められます。富山駅を出発すると進行方向右側に立山連峰が、さらにその先では左側に親不知の絶景が広がり、季節や天候によっては列車名にもなった夕暮《トワイライト》れが見られることでしょう。

秋田駅を出たところで、日付が変わります。車掌さんの手が空いていれば、サロンカーで沿線の案内や列車にまつわる様々な話を聞くことができたそうです。青森駅で、ここまで担当したＪＲ西日本の車掌さんからＪＲ北海道の車掌さんへとバトンタッチ。約１時間後には青函トンネルへ突入します。寝る暇がないくらい多彩な景色を楽しむことができますが、せっかく寝台列車に乗っているのに寝ないというのももったいない話で、大いに悩んだことでしょう。

30分ほどで青函トンネルを抜ければ、いよいよ北海道に上陸。本州にはない景色が待っていますが、その話は後のページで詳しくお話しすることにしましょう。

02

函館本線＆室蘭本線

北海道ならではの絶景と特徴ある駅に出会える

噴火湾越しに眺める蝦夷《えぞ》富士はまさに絶景！

鉄道ファンならずとも多くの人々を魅了する、北の大地・北海道。その一番の魅力は、やっぱり雄大な景色ではないでしょうか。

皆さんにおすすめしたい車窓の景色はいっぱいあるのですが、なんといってもまずはJRの函館本線です。特に、室蘭本線にかけて噴火湾をぐるっと半周する森〜黄金間は、季節や時間帯によって見え方が大きく変わるため、いつ訪れても飽きることがありません。

列車から海が見える区間は全国のあちこちにありますが、この区間の特徴は、その向こ

函館本線の「山線」区間を走るローカル列車。後ろでは羊蹄山が美しい姿を見せています。晴れていればあちこちでこんな絶景と出会えるのが、北海道の魅力です。

う側。天気が良い日に「蝦夷富士」の別名を持つ羊蹄山《ようてい》が見えると、めちゃくちゃテンションが上がります。対岸の景色まで楽しめる場所はなかなかないので、そのためだけに列車でここを通る価値はあると思っています。たとえば、大阪や東京から札幌に行く時に新千歳空港を使わず、敢えて函館空港や新函館北斗駅から列車に乗るのはどうでしょうか。

そして、函館本線はこの区間の途中にある長万部駅から、通称「山線」と呼ばれる北側へと進みます。

もともとはこちらが札幌に向かうメインルートだったんですが、山越えを必要としない室蘭本線が開通すると、いつのまにか山線はローカル列車しか走らない路線となってしまいました。でも、だからこそ、エンジン全開で峠を上っていくディーゼルカーがめちゃくちゃカッコいい。途中にある駅は長いホームがそのまま残っているところもあって、昔はここを特急や急行がバンバン走っていたんだ……と思いを馳せることができます。

特徴ある駅で降りてみよう

北海道の鉄道のもう一つの魅力は、その雄大な自然の中にある個性的な駅です。

北海道で印象的な駅といえば、まず思い浮かぶのは室蘭本線の小幌《こぼろ》駅。全国有数の秘境駅として知られる同駅は、僕の動画でも登場するので、ご存知の方も多いでしょう。周りには家どころか道路もないため、駅には普通列車でしかたどり着けません（しかも一部は通過します）。真夏に降りた時にはアブに襲われたり、冬場は帰りの列車が来るまでの時間が永遠に感じられたり……と、なかなかハードな体験をしましたが、それでも何度も訪れたいと思ってしまう不思議な駅です。

函館本線では、ニセコ駅も思い出深い駅です。「1週間ダーツが当たった場所に行き続

日本有数の秘境駅として知られる小幌駅。駅の周囲には何もなく、まるで異空間に迷い込んだよう。前後はトンネル区間で、特急列車はフルスピードで通過していきます。

ける生活」で2日目に引き当てた時は、八王子からTシャツ姿で向かうことになってしまい、しかも〝第一ランナー〟の特急「あずさ」に乗り遅れるという展開。新千歳空港から乗った小樽行き快速「エアポート」の車窓に広がる石狩湾や、無数のカボチャが飾られたニセコ駅は、気温8℃という寒さとともに忘れられません。

ここで紹介した路線には、社台駅付近の牧場風景や山線から見る羊蹄山など、他にも見どころが盛りだくさん。皆さんの心に残る絶景がきっと見つかるはずです。

03

ノロッコ号

ゆっくり走るトロッコ車両から一面のラベンダー畑が眺められる

●「ノロッコ号」＝「ノロノロ・トロッコ」！

先に紹介したとおり、北海道の鉄道旅でもっとも大きな魅力のひとつは、"ここならでは"の景色が数多く見られるところです。美しい景色というのは、たとえどんなところから眺めても良いものですが、それが特徴的な列車からであれば、感動がよりすばらしくなること間違いなし。そして、JR北海道ではそんな列車がちゃんと走っているんです。

北海道の観光列車で僕がイチオシするのは、「富良野・美瑛《びえい》ノロッコ号」です。その特徴は名前が表している通りで、例年夏から秋にかけて富良野線で運行されています。

「富良野・美瑛ノロッコ号」。ディーゼル機関車がトロッコ客車を引っ張るというスタイルで、北海道の自然を五感で満喫できる列車です。

では”ノロッコ“とはいったい何かというと、「ノロノロ走るトロッコ列車」という意味。景色をゆっくり楽しめるよう、通常であれば35分ほどの富良野〜美瑛間を、1時間弱かけて走ります。車両はトロッコタイプで、窓を大きく開け放つことが可能。木製のベンチも雰囲気が抜群です。

そんな「富良野・美瑛ノロッコ号」が走る区間で見られるのは、数々の絶景。特に、ノロッコ号の運行時期に合わせて開設される臨時駅「ラベンダー畑駅」の

周りには、まるでじゅうたんを敷き詰めたかのような一面のラベンダー畑が広がり、感動することと間違いなしです。また、SNSやテレビのCMで見かける「赤い屋根の家」や、沿線一帯に広がるのどかな田園風景もおすすめ。いくつかの見どころ区間ではスピードを落として走るので、見逃すこともありません。

ちなみに、富良野に向かう観光列車としては、特急「フラノラベンダーエクスプレス」もあります。こちらはラベンダー色の気動車が使われており、札幌〜富良野間を乗り換えなしで結ぶ列車。「ノロッコ号」と一緒に楽しむのがおすすめです。

●釧路湿原の景色が楽しめる「ノロッコ号」も

ところで、JR北海道ではもう一つ、「くしろ湿原ノロッコ号」というトロッコ列車が釧網本線で走っています。ラムサール条約や国立公園に指定されている釧路湿原をじっくりと眺められる列車で、時にはタンチョウやオジロワシといった貴重な動物が見られることも。途中駅の近くには歩いて行ける展望台や遊歩道もあり、その自然を五感で満喫できます。残念ながら、僕は「くしろ湿原ノロッコ号」には乗ったことがないので、ぜひとも体験したい列車の一つです。

ちなみに、釧網本線の沿線では冬季に流氷が見られ、それに合わせて観光列車「流氷物語号」も運行されています。かつては「ノロッコ号」の車両が使われており、景色と共に極寒体験もできたのですが、現在は大型テーブルなどを備えた気動車での運行となりました。流氷が見られるかどうか、運試しも兼ねて行ってみようと思います。

こちらは「くしろ湿原ノロッコ号」。「富良野・美瑛ノロッコ号」と車内は似たような雰囲気ですが、外観は緑や木をイメージしたカラーリングとなっています。

トロッコ列車といえば、僕が一番なじみ深いのは京都にある嵯峨野観光鉄道です。もともとJR山陰本線だった保津川沿いのルートが観光路線となり、貨車を改造したトロッコ車両が四季折々の景色の中を通り抜けます。春に咲き誇る桜は、社員の皆さんが30年以上かけて育てたもの。そんな経緯を知っていると、ただ美しいだけでなく、いろんな感情が湧きあがってきます。

その地域の自然を存分に楽しめるトロッコ列車の旅、やっぱりいいものですね。

04

西園寺セレクトの「北海道おすすめ駅弁」

鉄道旅には欠かせない「究極のＢ級グルメ」

駅弁で北海道の食文化を満喫

特徴ある列車や美しい景色が盛りだくさんの北海道。鉄道ファンのみならず、多くの人々が何度も訪れたいと思う場所であることに間違いはないでしょう。でも、北海道に来たからにはもう一つ、ぜひとも楽しまなければならないことがあります。

それは、グルメです。

北海道のグルメと聞いて、皆さんはどんなものを思い浮かべますか？　僕は鉄道ファンなので、真っ先に思いつくのはやはり駅弁です。森駅の「いかめし」を筆頭に、いまや全

森駅の名物駅弁「いかめし」。イカの中に詰められた米はもっちりとしていて、秘伝のタレで甘辛く味付けされています。駅弁大会などでもすぐに完売する人気商品です。

国区となった駅弁が数多く販売されています。僕のイチオシは釧路駅で売られている「いわしのほっかぶりずし」。ショウガなどと一緒に酢に漬け込んだイワシは臭みがなく、さっぱりと引き締まった身に脂も程よくのっていて、箸が止まりません。ユニークな名前の由来は、お寿司を包むように掛けられた大根の薄切りが、まるでイワシが頬被《ほほかぶ》りしているように見えるから。この大根のシャキシャキ感がまた、たまらないんです。

僕が北海道でよく食べる駅弁としては、これ以外に札幌駅の「ジンギスカン丼」があります。北海道グルメとしてはずせないジンギスカンですが、ネックなのは焼肉だという点。ラーメンのように「パッと食べてサッと出る」というのが難しく、お店で食べるには少し時間がかかってしまうため、特に〝乗り鉄〟メインの旅行ではどうしても味わいにくいんです。

ただし、駅弁になっていれば話は別。甘辛く味付けされた肉と茹でトウキビなどの野菜が、絶妙なハーモニーを奏でてくれます。ちなみにこの駅弁、かつては加熱式容器を使った冬季限定の弁当だったんですが、「冬以外にも売ってほしい」というお客さんの声に応える形で通年販売となったそう。売店にある電子レンジで温めることもできるので、アツアツを車内で食べられるのもうれしいところです。

駅の外でもグルメを楽しもう!

北海道には他にも、厚岸《あっけし》駅の「かきめし弁当」や母恋《ぼこい》駅の「母恋めし」、長万部《おしゃまんべ》駅の「かにめし」などがよく知られています。いずれも地元で採れる海産物をふんだんに使った駅弁で、これを買うためにわざわざ訪れる人もいるというほど。もちろん、その味はお墨付きです。

一方、肉がメインの駅弁といえば、先ほどの「ジンギスカン丼」と同じく札幌駅で売っている「知床とりめし」や、帯広駅の「ぶた八の炭焼あったか豚どん」あたりでしょうか。前者は鶏のダシが効いた炊き込みご飯と薄味の地鶏が、後者は秘伝のタレがよくからんだ香ばしい豚肉が、まさに絶品。車窓の景色を眺めながら食べれば、その美味しさが何倍にも膨らみます。

と、ここまで駅弁を紹介しましたが、時間が許せばもちろん駅から出て、地元のグルメも味わっています。お手軽なところでは、すすきののラーメンやえびそば、函館の「ラッキーピエロ」のハンバーガーや「ハセガワストア」のやきとり弁当（「やきとり」なのに豚串なんです）がおすすめです。鉄道旅行は、「訪れた場所の文化に触れることでさらに楽しくなる」というのが僕の考え。せっかく行くからには、その地域を楽しみ尽くさなきゃもったいない！　と思っています。

皆さんも、おすすめのグルメや観光地があれば、ぜひコメント欄などで書いていただき、一緒にその地域を盛り上げていきましょう。

せっかくなので
旅先のグルメも
楽しみましょう！

COLUMN 1

僕が鉄道好きになったきっかけ

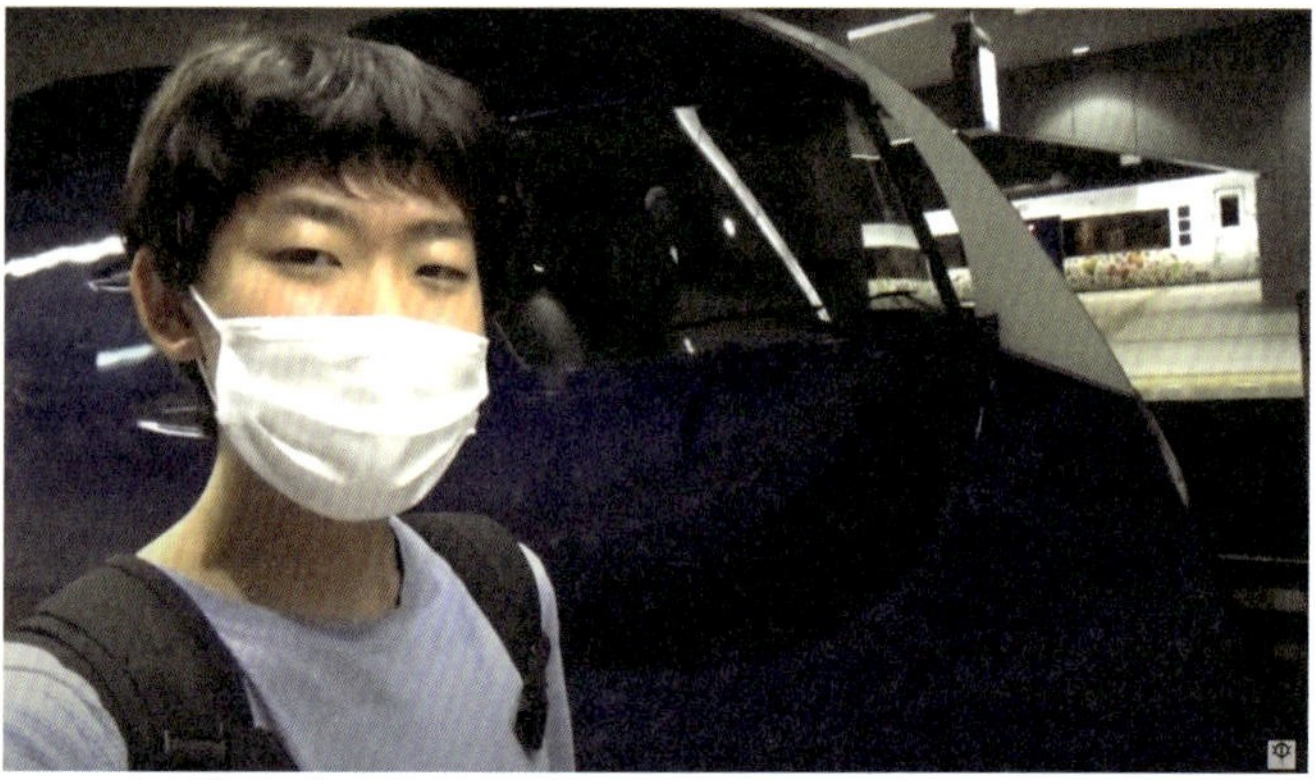

YouTube 動画「【最速達】７時発のラピートαが早すぎて完全に別次元（なんば～関西空港）」より

原点は幼少期に見た「ラピート」 成長しても“鉄分”は抜けず……

僕の鉄道好きの原点は、たぶん南海電車の「ラピート」です。３歳のころ南海沿線に住んでいたんですが、その時に「ラピート」を見て、「めちゃくちゃかっこいい！」と感じたのを覚えています。そのくらいの年齢の子どもは、たぶん一度は鉄道に興味を示しますし、「ラピート」のあの形は誰が見ても心に残ると思うんです。

小学校くらいから、周りの友人はだんだん他のものに興味を持つようになったんですが、僕は逆にどんどん鉄道にハマっていって、気がつけば時刻表を読んだりするようになっていました。漢字や地理に強くなったのも、時刻表のおかげだと思っています。家族旅行のスケジュールを僕が立てるようになり、「オーシャンアロー」や「サンライズ瀬戸・出雲」に乗ったのもこの頃です（124・130ページ）。

そんな経緯があるので、僕は今も“乗り鉄成分”が強いですね。鉄道で訪れた場所の景色や、その土地の魅力を知りたいと思いますし、皆さんにも鉄道を通じてそれらを知ってもらえたら嬉しいです。

Chapter

2

東北・北陸

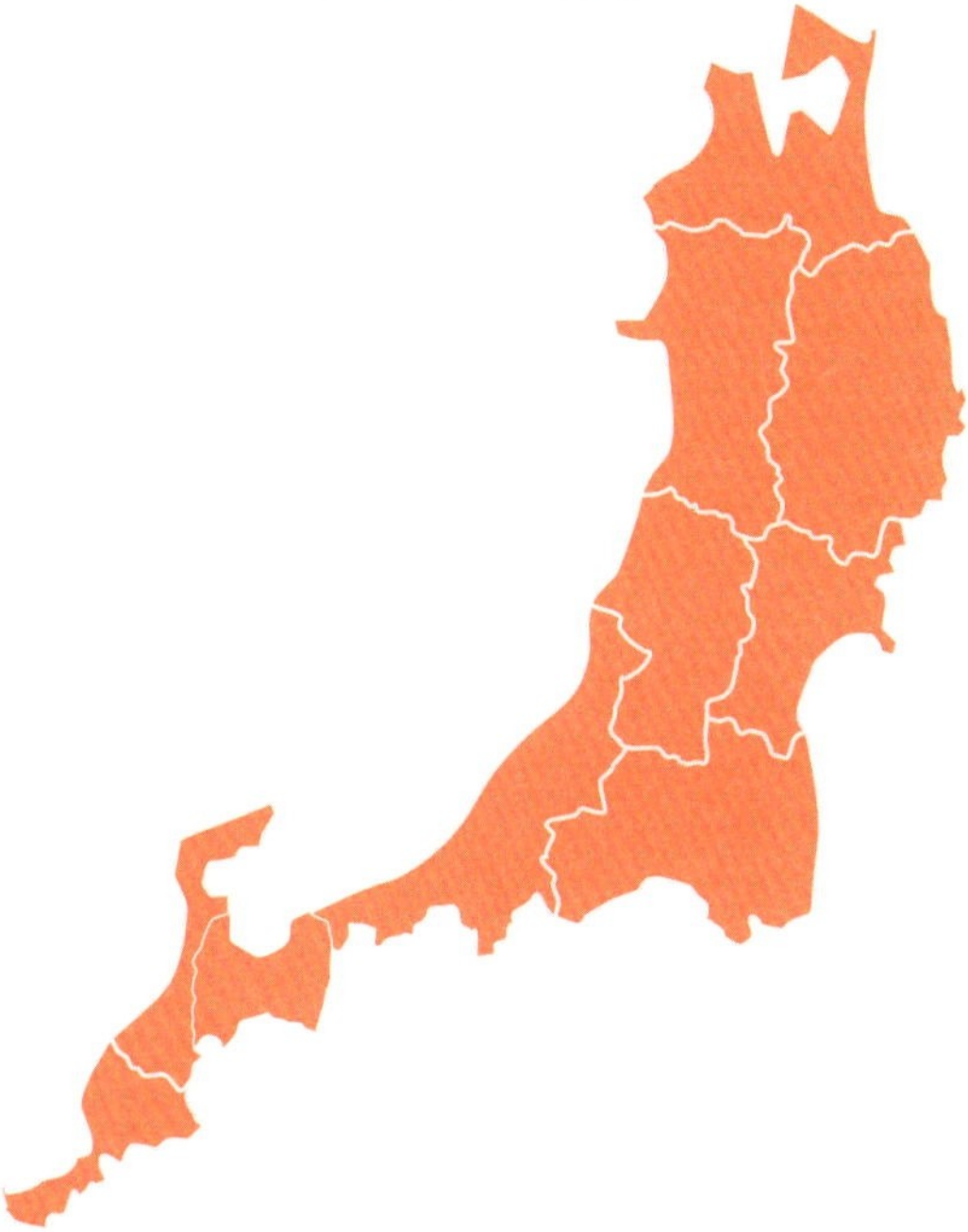

駅で温泉に入れる!?　列車内で津軽三味線のライブや我慢大会!?　など、さまざまな「ユニーク」が楽しめる東北・北陸エリア。最も新しい新幹線の話題や、日本随一の峡谷を走る鉄道の思い出もお届けします。

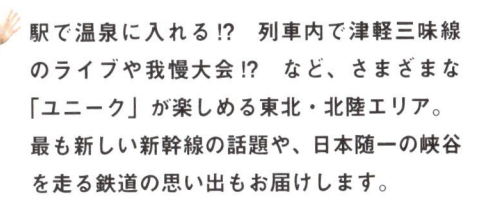

05

津軽鉄道のストーブ列車

地吹雪の中を走る冬の名物列車

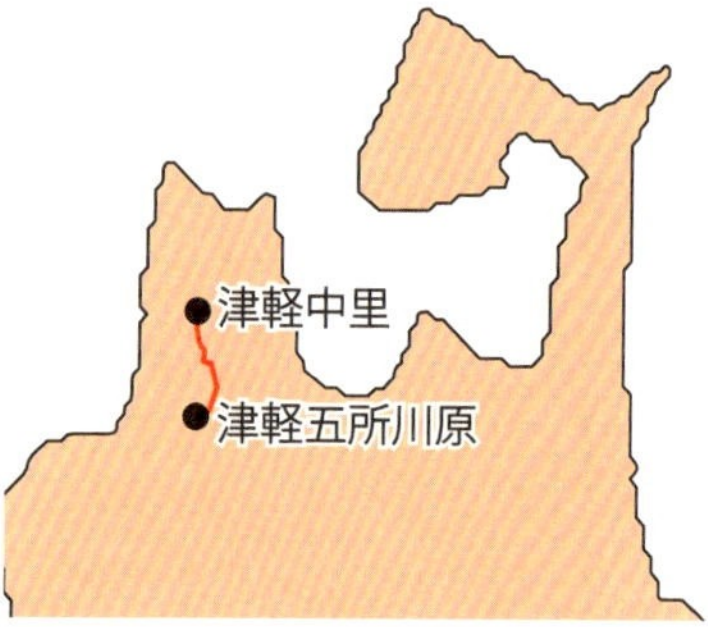

●ストーブの温もりが車内を包む

日本がすばらしい国だと思う理由のひとつに、"四季"があると僕は思っています。最近は、夏がとても暑く、期間も長く感じられますが、それでもそれぞれの季節ならではの景色が見られると、日本に住んでいてよかったなあと思います。

ところで、鉄道で四季を感じられるシーンといえば、圧倒的に冬のシチュエーションが多いような気がします。寒い冬の日、ホームで凍えながら列車を待ち、ぬくぬくとした車内に入る。その瞬間の、こわばった全身がトロトロに溶けていくような感覚がたまらな

津軽鉄道のストーブ列車。沿線は地吹雪がすごいエリアですが、列車はその中を突き進みます。機関車と客車はいずれも昭和20～30年代に製造された貴重なものです。

い！　という人は、僕以外にもいっぱいいるのではないでしょうか。

あの感覚をおそらく日本で一番楽しめる列車が、青森県にある津軽鉄道です。ここでは冬に「ストーブ列車」が走っています。今の鉄道車両は、座席の下に暖房装置があるのが一般的ですが、昔の客車は車内にストーブがありました。ただし、蒸気を使う暖房に代わったり、そもそも客車から電車や気動車に交代したりしたため、今や日本でストーブ列車に乗れるのはここだけになっています。

津軽鉄道の始発駅は、後で紹介する「リゾートしらかみ」が通る、五所川原駅です。ＪＲのホームからレトロな跨線橋が延びていて、その先に津軽鉄道のホームがあります。

　停まっていた「ストーブ列車」に乗り込むと、何ともいえない暖かさと独特の匂いが全身を包んでくれます。ストーブは1両につき2カ所に設置されていて、その燃料はなんと石炭。時々、石炭の入ったバケツを持った車掌さんがやってきて、だるまストーブ（形がだるまのように丸いため、この名前が付いています）に石炭をくべます。だるまストーブから天井まで煙突が延びているので、車内が煙で臭くなることはありません。

　その代わり、車内では別の匂いがします。「ストーブ列車」では、車内販売でスルメイカが売られていて、それをストーブで焼いて食べることができるんです。冬季になると、車両にイカの匂いが染みついていて、でもくさいというほどではなく、旅情が掻き立てられます。僕はお酒が飲めませんが、ツマミを食べながら地元の人々や観光客と交流できるのはとても楽しく、気が付くともう終点……ということも多いです。

車内に置かれただるまストーブ。時々、車掌さんが燃料の石炭をくべにきます。なんともレトロな風景です。

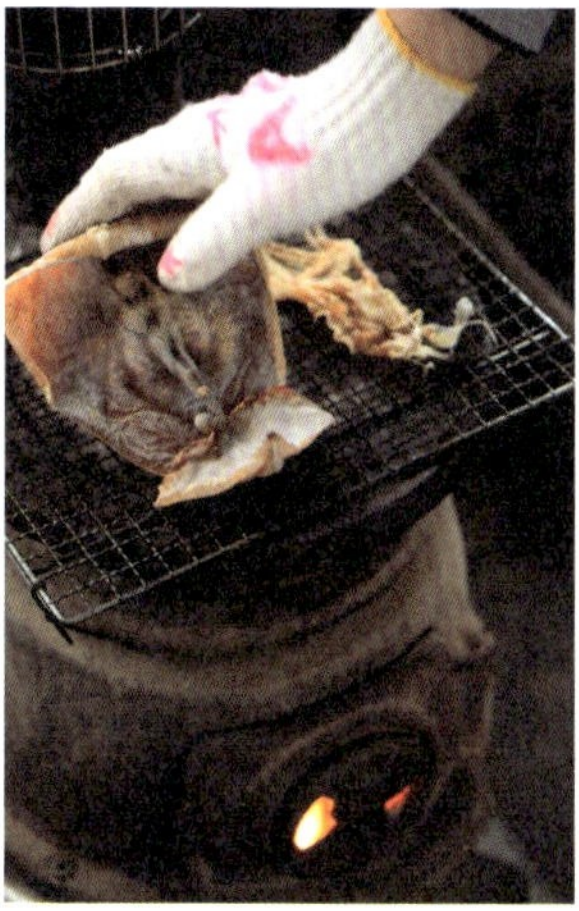

だるまストーブでは、車内で売っているスルメイカをアテンダントさんが焼いてくれます。これぞ究極のご当地グルメ？

まるで我慢大会！　真夏のストーブ列車

ところで、この津軽鉄道のストーブ列車が走るのは冬だけではありません。過去にはなんと、真夏にも走ったことがあるんです。まるで我慢大会のようなこの列車は、もちろんイベントとして運転されたもの。失礼ながら「こんな列車、乗る人いるんだろうか？」と思ったのですが、ふたを開けてみれば僕のような〝物好き〟がいっぱいいるようで、盛況でした。

当日は快晴だったこともあり、車内の温度はなんと43℃！　まさにサウナそのものです。乗客は好きで乗っているのでともかく、車掌さんは大変だろうなぁ……と思ったのですが、「意外と楽しいですよ」とのこと。列車には冷房がよく効いた一般車両も連結されているので、そちらに避難することもできます。窓を開けると涼しい風が入ってきて、最高でした。

津軽鉄道では、他にも「風鈴列車」や「鈴虫列車」が走っています。景色や温度、音まで楽しめる列車、おすすめです。

06

リゾートしらかみ

五能線の景色と伝統芸能をゆっくり楽しめる列車

観光列車の"老舗"

「観光列車」と一口にいっても、20世紀から走っているものもあれば、最近生まれたばかりのものまで、その歴史はさまざまです。ここで紹介するJR東日本の「リゾートしらかみ」は、1997年デビューということで、いわば"老舗"。しかも、多い時で1日最大3往復が運行されるなど、人気の高さもトップクラスです。

僕が「リゾートしらかみ」に初めて乗ったのは、YouTubeの動画「最長片道切符の旅」の途中、新青森駅から秋田駅まででした。この列車は秋田〜青森間を、五能線経由

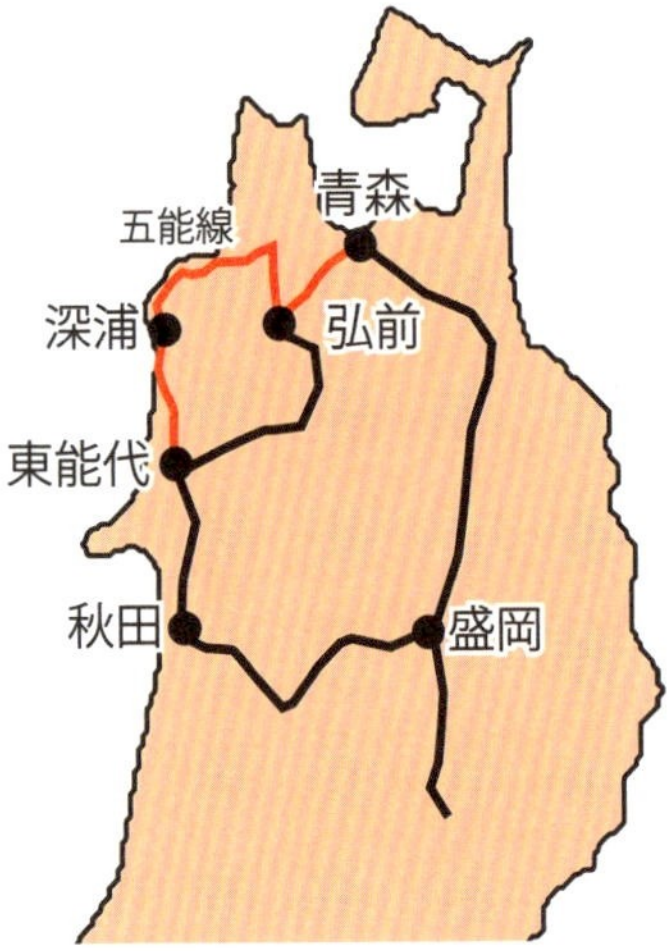

僕が乗った、「リゾートしらかみ」の「くまげら」編成。他の２編成とはデザインが大きく異なるほか、昔ながらのエンジン音が楽しめます。

で運行。五能線は途中、日本海に沿って走る区間があり、その荒波や夕日といった雄大な景色が見られることで有名です。「リゾートしらかみ」は3編成あり、それぞれに「橅《ぶな》」「青池《あおいけ》」「くまげら」の愛称が付けられています。僕が乗車したのは、黄色とオレンジのグラデーションに彩られた「くまげら」編成でした。3編成のうち、この「くまげら」編成だけが国鉄時代に造られたキハ40系の改造車で、残る2編成はハイブリッド方式の新型車両。ちょうど「くまげら」に乗りたいと思っていたので、ラッキーでした。

　五能線は長さが約150㎞あり、全線を走破するには3時間以上を要します。

長い旅路ですが、見どころは満載。先に紹介した日本海の風景に加え、その逆サイドには切り立った崖があり、こんなところに鉄道を通した人たちの偉大さを実感できます。青森県側ではリンゴ畑が多く見られるのも、〝青森に来た感〟があってよいものです。また、途中の駅での一時停車を利用して、ミニ散策が楽しめるのもこの列車のよいところ。僕が乗った時は15分ほど千畳敷駅に停車し、日本海の絶景を存分に楽しむことができました。駅近くのお店で焼きイカをゲットし、車内でおいしく頂いたのも懐かしい思い出です。

ベッドにもなるボックス席でお昼寝を

「リゾートしらかみ」は、4両編成中3両が2＋2列の普通座席（といっても前後の間隔はグリーン車並みの広さ）です。一方、僕が予約した2号車は定員4名のボックス席。半個室のようなつくりですが、ボックス単位ではなく1席ずつの販売のため、僕みたいな一人旅でも利用できます。

このボックス席はなかなかの優れもので、シートの座面を引き出すとフルフラットに早変わり。僕もさっそく引き出してベッドにしたうえで、横になってお昼寝をしました。ローカル線でのんびりとお昼寝、なかなかいい気持ちです。

車内でまどろんでいると、うっすらと三味線の音色が聞こえてきました。「リゾートしらかみ」では、車端部のイベントスペースで津軽三味線の演奏などが催されます。全国の観光列車を見渡しても、伝統芸能が楽しめる列車はあまりありません。五感で楽しめる観光列車、ともいえます。

特急列車ではないため、「青春18きっぷ」で乗車できるのも、この列車の魅力。とはいえ、全車指定席なので乗車するには指定券が必要です。「乗る」と決めたら、きっぷの確保はお早めに。

こちらは「リゾートしらかみ」の「青池」編成。「橅」編成と同じく、ステンレス製の車体です。五能線はこのような雄大な景色の中を通っています。

2号車の車内はこのようなコンパートメント仕様。座面を引き出すとこのようになり、足を上げてくつろぐことができます。（写真は「橅」編成）

07

温泉のある駅

鉄道と観光が一緒になった「一枚で二度おいしい」駅

●駅から出ずに温泉が楽しめる!?

全国を旅していると、「日本はいいところだなあ」と思うことが多々あります。

もちろん、外国には外国でしか楽しめないものがいろいろありますが、普段住んでいるところから日帰り、もしくはせいぜい一泊すれば全国のほとんどの場所にたどり着くことができ、その土地ならではの魅力に触れられるというのは、本当に恵まれている国だなぁと感じます。

では、皆さんはどんなところに旅の魅力を感じるでしょうか。絶景や美味しいものは鉄

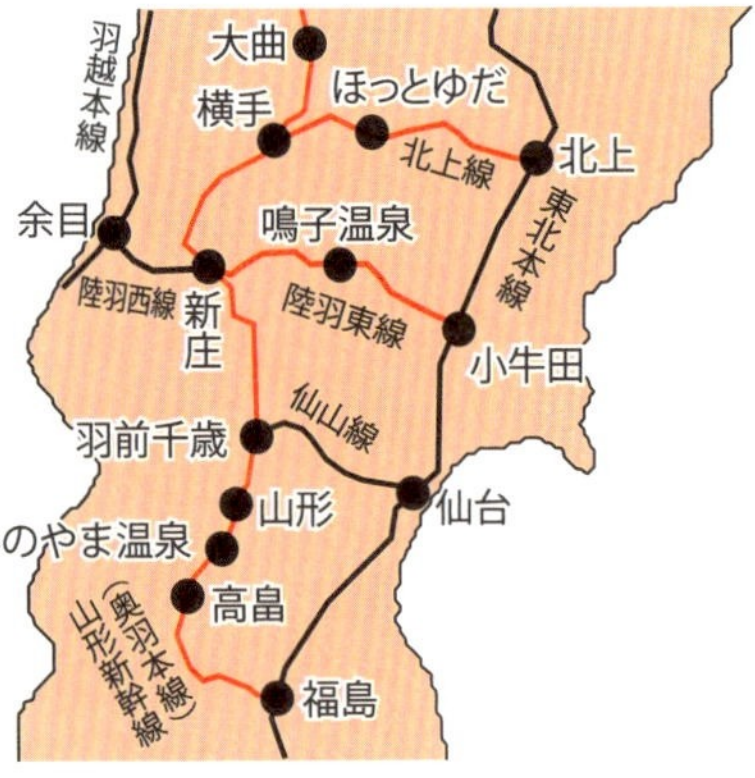

童話に出てきそうなかわいらしいデザインの高畠駅。夕方にはライトアップされます。
温泉に加えてコミュニティ施設も併設され、お土産を買うことも可能です。

道旅の魅力の"定番"ですが、僕はそこにもう一つ、「温泉」も付け加えたいと思います。そして、鉄道旅ならではの個性豊かな温泉が、東北地方をはじめ、いくつかあるんです。

その代表例が、JR奥羽本線の高畠駅。山形新幹線が停車し、東京から乗り換えなしで行ける同駅は、なんと駅舎の中に温泉があります。改札口のすぐ横にのれんがかかっていて、「改札を出たら2秒で温泉」という、温泉好きにはたまらないシチュエーション。おとな400円というリーズナブルな料金も魅力です。

また、山形新幹線で高畠駅の2つ先にあるかみのやま温泉駅は、徒歩数分のところに共同浴場があり、温泉のハシゴもできます。両駅の間にある赤湯駅も近くに温泉街があるほか、ここからは山形鉄道の旅が楽しめるなど、鉄道と温泉をダブルで楽しむのに最適なエリアです。

温泉が併設された駅といえば、同じく東北地方にあるJR北上線のほっとゆだ駅もよく知られています。ここの温泉の特徴は、大浴場の中に設置された信号機。列車の出発時刻が近づくと青↓黄↓赤と点灯して知らせてくれるので、乗り遅れる心配がありません。また、同駅はJR北上線のハイライト、錦秋湖《さんしゅうこ》の西端にあり、錦秋湖は秋の紅葉が美しいことで有名。素晴らしい景色を楽しんだ後に、源泉かけ流しの温泉を堪能する……なんと贅沢な時間でしょうか。

●足湯が設置された駅は全国各地に

この他にも、秋田内陸縦貫鉄道の阿仁前田温泉駅やJR飯田線の平岡駅（平岡駅は円周率を覚えようとした駅ですが、そんなことより温泉に入るべきだったかもしれませんね）などで、駅舎内の温泉に入ることができます。一方で、温泉よりも手軽に楽しめる、足湯を併設した駅で有名なのが、JR久大《きゅうだい》本線の由布院駅。1番線ホームの端にあり、列車の発着を見ながら足湯に入れるという、なかなか貴重な体験ができます。駅の徒歩圏内に立ち寄り湯もあるので、足だけでは満足できない！という人も安心（？）です。

ホームに足湯がある駅としては、他にＪＲ陸羽東線の鳴子温泉駅やＪＲ中央本線の上諏訪駅、「嵐電《らんでん》」こと京福電鉄の嵐山駅などがあります。

鳴子温泉駅は駅舎の入り口にヒノキ造りの足湯があるほか、駅から徒歩圏内に共同浴場があり、ふらっと訪れることが可能。街中のあちこちにこけしスポットもあります。また、上諏訪駅は露天の岩風呂のような造りとなっていますが、それもそのはず。実はここ、元は足湯ではなく、本当に露天風呂だったんです。その頃に訪れてみたかったなあ……。

ＪＲ北上線のほっとゆだ駅。周りの風景に溶け込む木造の駅舎で、とんがり屋根の時計台がかわいらしく、大浴場に設置された信号機もユニークです。

08

SLばんえつ物語

昔は当たり前だったSL列車の旅が味わえる

●オシャレな展望室でSLの後ろ姿を堪能

日本では、50年ほど前に蒸気機関車（SL）が引っ張る定期列車は姿を消しましたが、その後も観光用として全国の何カ所かでSLが走っています。そのなかでも僕のイチオシは、JR磐越西《ばんえつさい》線を走る「SLばんえつ物語」です。

この列車は1999年に運行を開始し、現在は新潟県の新津駅と福島県の会津若松駅を3時間30分ほどかけて結んでいます。乗車時間が長いので、たっぷりと乗っていられるほか、途中には勾配がきつい区間もあって、「ボッボッボッ」というSLのドラフト音や迫

「ＳＬばんえつ物語」の走行シーン。煙をもくもくと吐きながら走るＳＬは、乗るのも見るのもシビレます。ちなみに、煙は寒い冬場の方がくっきりと見え、迫力がさらに増します。

力を存分に楽しめます。よく、「ＳＬは生き物だ」と言われるんですが、ＳＬに近づくと温もりが感じられ、本当に生きているように思えてきます。坂道でスピードが落ちてくると、思わず「がんばれ！」と声を掛けたくなるんです。

そして、「ＳＬばんえつ物語」のもう一つの魅力は、客車の内装です。動画でも紹介したことがあるんですが、グリーン車の端にあるパノラマ展望室は、まるで美術館やホテルのロビーのようなオシャレな雰囲気。ピカピカの床に木々や

夕焼けが写り込んで、とても幻想的です。新津行きの下り列車では、目の前にSLが連結されるので、その迫力を間近で体感することができます。

ほかにも、オコジョをテーマにしたフリースペースやイベントスペースがある展望車、地元の名産品や記念グッズを販売する売店などがあって、とても楽しい列車となっています。同じ磐越西線では、今年春から郡山〜喜多方間で新たな観光列車「あいづSATONO」もデビューしたので、セットで楽しむのもよいでしょう。

●「プチ旅行」が楽しめる京都鉄道博物館

「ばんえつ物語」以外のSL列車では、JR山口線を走る「SLやまぐち号」や大井川鐵道などが、40年以上の歴史を持つ“老舗”として知られています。また、最近は東武鉄道が3両のSLを保有し、下今市〜鬼怒川温泉間をメインとして毎日運行。東京からも近く、「いつ行ってもSLに乗れる」ということで、人気を集

「SLばんえつ物語」のパノラマ展望室。行灯のようなキューブ状のベンチが、夜になると幻想的な風景を醸し出します。

京都鉄道博物館で開館日に運行される「ＳＬスチーム号」。オープン形式の客車に乗って、往復10分弱の“プチ旅行”が楽しめます。

めています。

　僕が住む関西には、残念ながら本線を走るＳＬ列車はありませんが、その代わり、京都鉄道博物館で「ＳＬスチーム号」が走っています。往復１kmほどの短い距離ですが、本物のＳＬを気軽に楽しめるので、僕も時々訪れて旅気分を味わっています。京都鉄道博物館には、他にも日本最多となる20両以上のＳＬが保存されていて、ずらりと並ぶ姿はかなり壮観。ＳＬ好きにはたまらない場所です。

今でもSL列車に乗れる路線があるんです！

09

トンネルの中の秘境駅・筒石

まるで異空間に迷い込んだような気分に

駅舎に続く階段は約300段！

皆さんは「秘境駅」というワードを聞いたことはあるでしょうか？　秘境駅とは周囲に人家などがない“秘境”にあり、利用者や停車本数が少ない駅を指します。函館本線のページで紹介した小幌駅はその代表格ですが、僕が訪れたことのある秘境駅で印象に残っているものとして、ここで紹介したいのが筒石駅です。

筒石駅は新潟県糸魚川市にあり、かつてはJR北陸本線の駅でしたが、2015年に北陸新幹線が金沢駅まで開業した際、えちごトキめき鉄道に移管されました。この駅の凄い

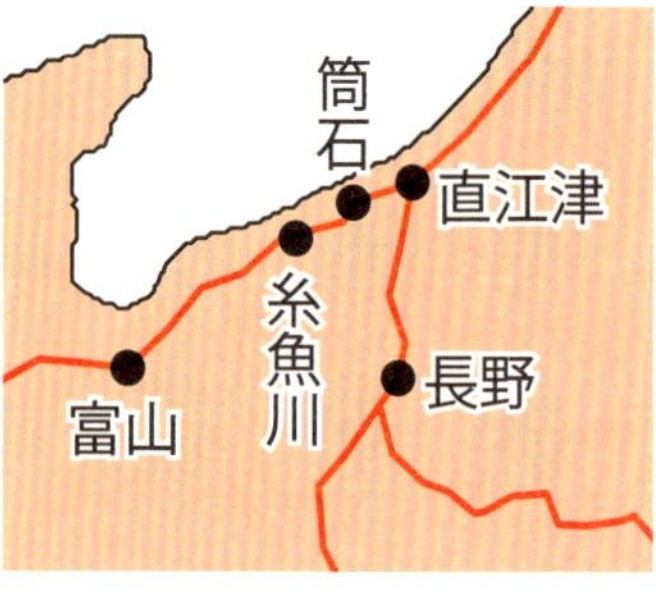

トンネルの中に突如現れる筒石駅。トンネルの大きさを抑えるため、上下線のホームがずれて配置されています。ちなみにこのトンネルは在来線では日本有数の長さを誇ります。

ところは、トンネルの中にあるということ。「地下鉄はほとんどの駅がトンネルの中だし、それほど珍しくないのでは？」と思う人がいるかもしれませんが、地下鉄の駅と筒石駅は雰囲気が全然違うんです。地下鉄の駅は天井が低いことが多いのですが、筒石駅は天井が高い……というよりもコンクリートむき出しで、ホームの幅も2mほどと狭く、まさに〝トンネルの中にある〟感が満載。また、想像以上に湿度が高く、じめじめしていました。

トンネルの中にある駅ということで、筒石駅のホームには他の駅では見られない設備があります。まず目についたのは、高速道路などでよく見かける非常用の電話。白地に青色の電話マークが目立っていました。壁面やホームの入口に手すりがあるのも、他の駅ではあまり見かけない光景です。ホームから駅舎へと続く通路の入口には頑丈なドアがありますが、これは列車の通過時にものすごい突風が発生するため。危険なので、通過列車の接近時はホームに出ることが禁止されているほどです。

ホームから地上の駅舎に向かう手段は、約300段ある階段だけ。かなり息が上がります。やっとの思いで地上に出ると、付近には数軒の民家があるだけで、後は見渡す限りの山、山、山。まさに秘境駅です。小ぢんまりした駅舎にはトイレがありますが、ホームにはないため、戻る前に必ず済ませておきましょう。

●トンネル駅が生まれた理由は？

この筒石駅、1912年に開業した当初は現在地から少し離れた集落沿いにある地上駅でした。それがトンネル駅となったのには、もちろん理由があります。

当時の筒石駅付近は、日本海と急峻な山に挟まれていました。この頃の北陸本線は単線で、やがて主要路線のひとつとして複線電化が求められるようになりましたが、狭い場所を通っていたため、線路をもう1本敷く余裕がありませんでした。また、この周辺は地盤が悪く、地滑りによる事故も多発していたことから、この2つの課題の解決策として、「線路を内陸部のトンネル経由とし、その中に新しく駅を造る」という方法が取られることに。1969年、現在のトンネル駅として再出発したのです。

かつては特急「はくたか」や寝台特急「トワイライトエクスプレス」といった優等列車が高速で通過していた筒石駅。現在はディーゼルカーと貨物列車がほとんどとなりましたが、その頃の雰囲気はそのまま残っています。体力に自信がある方は、ぜひ訪れてみてください。

筒石駅に、えちごトキめき鉄道の観光列車「リゾート雪月花」が停車。珍しい駅のため、観光スポットとしても活用されています。

10

黒部と立山の鉄道たち

日本随一の渓谷には“ここだけ”の鉄道が！

今年限りで日本から消える「トロリーバス」

実は今年、北陸地方のとある鉄道路線が廃止されることになっていて、ファンの間で話題です。その路線とは、立山黒部貫光の無軌条電車線。この名前ではピンとこない人が多いと思いますが、「立山黒部アルペンルートの立山トンネルトロリーバス」といえば、分かるかもしれません。

その名が示す通り、「レール（軌条）のない路面電車」であり、鉄道の一種として扱われるトロリーバスは、かつて東京や大阪といった大都市でも走っていましたが、昭和40年

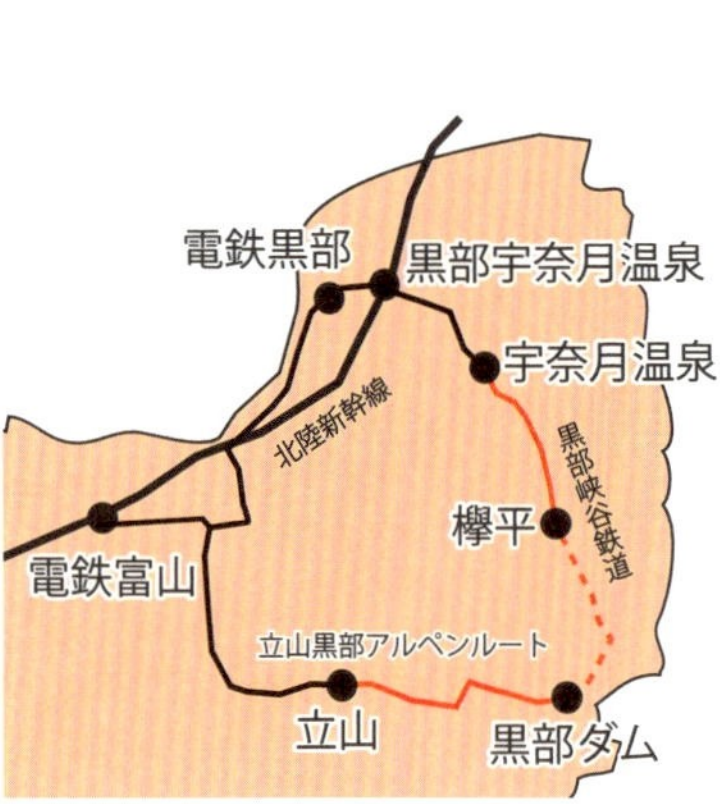

今年限りで廃止となる立山トンネルトロリーバス。見た目はバスですが、屋根の上には架線から電気を取り入れるためのポールが搭載されていて、電車と同じ仕組みで走ります。

代にほぼすべて廃止され、以降は立山黒部アルペンルートに2路線が残るだけに。このうち扇沢〜黒部ダム間で営業していた関電トンネルトロリーバスは、2019年に電気バスへと置き換えられ、以降は立山トンネルトロリーバスが日本唯一の路線でした。そして今年、このトロリーバスも老朽化などのため、姿を消すことになりました。

なぜ立山黒部アルペンルートではトロリーバスが生き残っていたのでしょうか。それは、2路線ともほぼ全区間がトンネル内にあるため。もしここで通常のバスを走らせれば、トンネル内に排気ガスが溜まってしまいます。また、周辺環境への悪影響を避けるという意味でも、排気ガスを出さないトロリーバスが導入され、その後継にも電気バスが選ばれているのです。

現在のトロリーバスは、鉄道と同様、VVVFインバータ制御装置によってモーターを制御し、走行しています。この機器は新幹線の300系電車と同一であり、走行音もほぼ同じだそう。「だそう」というのは、僕は残念ながらまだ乗ったことがないのです。今年は日本でトロリーバスに乗ることができるラストシーズン。何としてでも行かねば……と思っています。

●トロッコ電車には新たな展開が

一方、このエリアには黒部峡谷鉄道も走っています。こちらも、「黒部峡谷トロッコ電車」といった方が分かりやすいでしょう。

黒部峡谷鉄道は関電トンネル電気バスと同様、黒部エリアにダムや発電所を造るために掘られたトンネルを使って営業しています。一部の客車はオープン構造で、窓ガラスどころかドアや座席の背もたれもなく、まるで遊園地の乗りもののよう。トンネルも狭く、手

立山トンネルトロリーバスは全区間がトンネル内を走行。そのため、排気ガスが出ない動力が選ばれています。

掘りのためゴツゴツしています。こちらは僕も乗ったことがありまして、冒険映画を体験しているような気分になったこと、夏場なのに寒いくらい空気がひんやりしていたことなどが、今も忘れられません。

このトロッコ電車、一般客は宇奈月駅から欅平《けやきだいら》駅まで乗車できるのですが、路線はその先にも延びていて、発電所の関係者が利用しています。近年、このルートの観光用としての整備が進められ、「黒部宇奈月キャニオンルート」として2024年6月から一般開放されることが一度は決定。ところが、令和6年能登半島地震による被害の影響で、2025年以降に延期となりました。楽しみは少し延びてしまいましたが、その日を心待ちにしています。

黒部峡谷鉄道のトロッコ電車。沿線はこのような深い谷が続き、鉄橋やトンネルで越えてゆきます。

まるで遊園地のアトラクションのような、黒部峡谷鉄道のオープン客車。開放感はバツグンです。

11

北陸新幹線

2024年敦賀延伸で見どころがさらに増加

●ついに福井県に新幹線が！

2024年3月16日、北陸新幹線の金沢〜敦賀間が延伸開業しました。この延伸により、新幹線が初めて福井県への乗り入れを果たしたことになります。途中には、小松駅、加賀温泉駅、芦原温泉駅、福井駅、越前たけふ駅の5駅が開業。このうち、越前たけふ駅だけは新幹線の単独駅で、残る4駅と敦賀駅は在来線の横に新幹線の駅が建設され、終着の敦賀駅では大阪駅からの特急「サンダーバード」と名古屋駅からの特急「しらさぎ」に接続しています。

北陸新幹線を走るのは、JR東日本のE7系とJR西日本のW7系。外観や内装はほぼ同じで、違いは側面のロゴマークや編成記号などわずかです。

敦賀駅の新幹線駅舎は、高さが国内最大級の37メートルにもなります。「高さ37メートル」と聞いてピンとこない方も、「ビルでたとえると12階建てに相当する」といえば、その大きさが想像できるのではないでしょうか。新駅舎は3層構造で、3階は北陸新幹線のホーム、2階は新幹線と在来線の乗換口、そして1階は「サンダーバード」と「しらさぎ」が発着する特急専用ホームとなっています。一方、在来線であるJR西日本の北陸本線と小浜線、そしてJRから経営分離された並

行在来線区間であるハピラインふくいの列車は、これまでと変わらず在来線ホームから発着。両者の間は、動く歩道も設置された連絡通路で結ばれています。

北陸新幹線が開業する前の2月1日、僕は試乗会に参加することができました。初めて入る敦賀駅の新駅舎は、2階コンコースの天井や3階ホームの床に船のイメージが取り入れられ、港町であることを表現。ホームからは敦賀市内はもちろん、敦賀湾も見えました。

試乗会では「サンダーバード」との並走シーンも！

列車に乗り、いよいよ金沢へ。敦賀駅を出発したら、まずは進行方向左側に注目です。敦賀湾が見えるほか、敦賀港線の廃線跡も確認できます。その先はしばらくトンネルですが、走行はいたってスムーズ。インターネットも途切れることなく使えました。

福井～芦原温泉間では、特急「サンダーバード」と仲良く並走しました。「サンダーバード」は北陸新幹線の開業に合わせて、金沢行きから敦賀止まりに短縮されています。まさに試乗会でしか見られない光景で、手が震えるほどの感動でした。敦賀駅を発車してから約1時間で金沢駅に到着。想像以上に疾走感があり、快適な旅となりました。

この日は金沢から敦賀に戻りましたが、すでに開業している東京～金沢間も見どころがいっぱい。せっかくですので、この区間のおすすめポイントも紹介しましょう。まず車窓では、黒部宇奈月温泉駅付近で見られる立山連峰ははずせません。３０００メートル級の山々は迫力満点で、皆さんも圧倒されるはずです。また、安中榛名《あんなかはるな》～軽井沢間では、交通の難所として知られた碓氷峠《うすいとうげ》を30パーミルという急勾配で越えます。ちなみに、碓氷峠を越えていた在来線は新幹線開業と同時に廃止されましたが、一部の区間が遊歩道として整備されており、僕も歩いたことがあります（78ページ）。往路はかつての光景を思い浮かべながら廃線跡を歩き、帰りは新幹線のありがたさを噛みしめながら戻る、というのもよいかもしれませんね。

終着駅である敦賀駅は、在来線ホームの東側に新幹線の駅舎とホームが建設されました。大きな屋根は敦賀市の鳥であるユリカモメをイメージしたデザインです。

できたてホヤホヤの
新幹線を今こそ
楽しみましょう！

COLUMN 2

僕が配信を始めたきっかけ&気をつけていること

2018年3月の配信開始当初は、顔出しをしていなかった。
YouTube動画「【乗り比べ】大急ぎでN700Aグリーン車&アーバンライナーDX乗車」より

「人生の幅を広げよう」が原点
“撮らせてもらっている”立場を忘れずに！

僕が動画配信を始めたのは、高校3年生の時に大学への進学が決まった後で、「勉強以外のことを身に付けて、人生の幅を広げよう」と思ったのがきっかけです。実は、動画配信とほぼ同時にギターの練習も始めたんですが、こちらは趣味の領域を超えることができませんでした。それならもう一つの趣味である鉄道の動画配信を極めよう、というのが原点です。最初はなかなか再生数が伸びませんでしたが、「自分がやりたいこと優先」ではなく「視聴者がみたいものは何か」というのを考え、配信者の先輩たちにもアドバイスを頂いて、ここまで続けることができました。

撮影や配信の際は、「他人に迷惑を絶対にかけない」というのを常に意識しています。あくまでも、公共の場で“撮らせてもらっている”という立場ですから、乗客はもちろん鉄道会社の迷惑となるようなことがあってはなりません。「立ち位置に気を付ける」「顔が写らないようにする」「黄色い線の外側に出ない」などを心がけ、周囲の人が嫌な気分にならないよう、気を付けています。仕事中の運転士さんや駅員さんも人間であることを、忘れないようにしたいものです。

Chapter

3

関東・東海

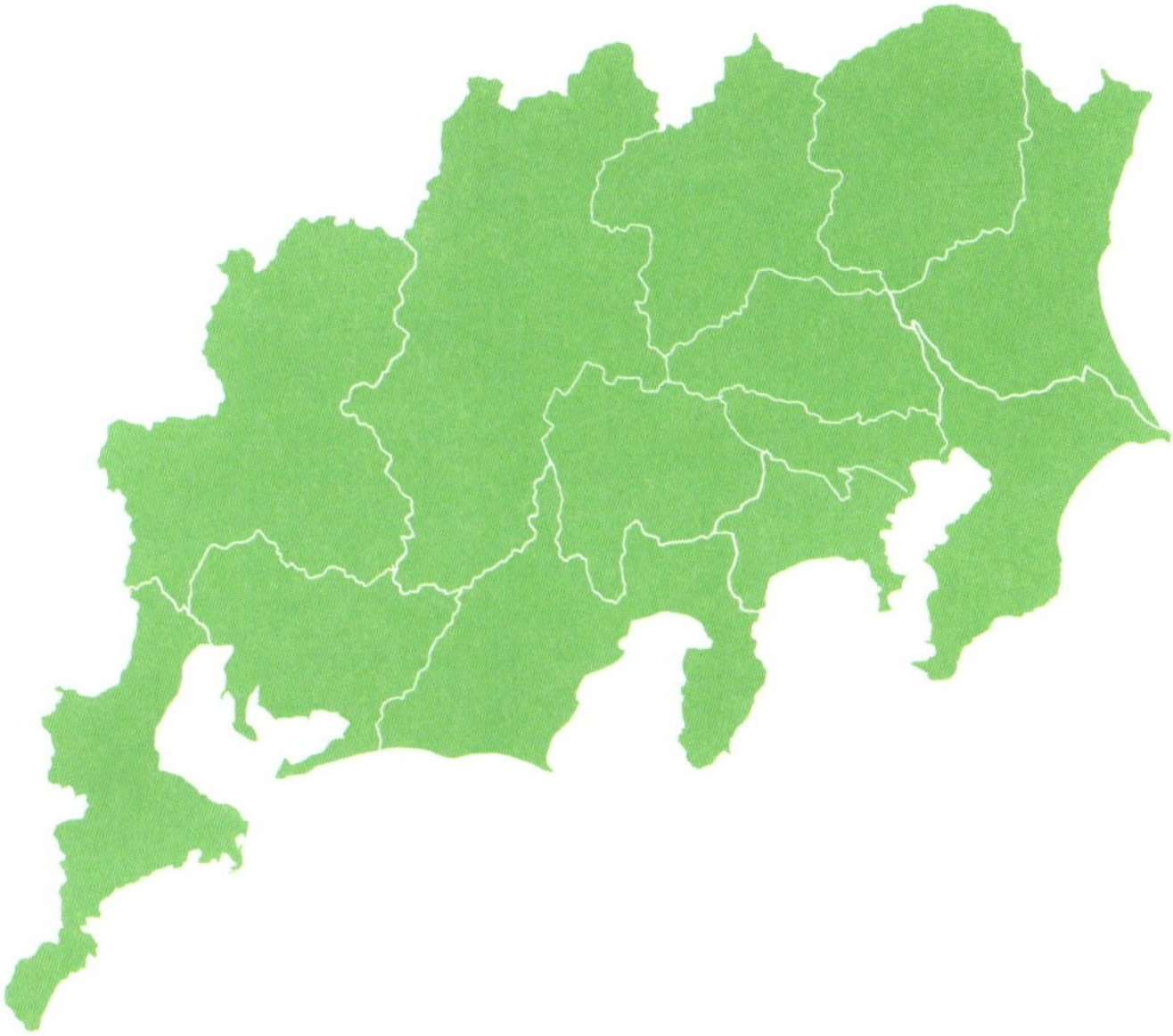

ふだん何気なく使っている東海道新幹線や山手線も、よくよく見ると魅力がたっぷり。実は○○から富士山が見える!?　クーラーがない鉄道の“秘策”とは？さらに、料理列車の“元祖”や、アニメとのコラボが人気の鉄道もご紹介します。

12

山手線と東京駅

日本を代表する路線と駅は見どころも満載

一駅一駅が個性的な山手線

僕は関西に住んでいることもあって、東京へ行くと今でもワクワクします。なんといっても、地元では見られない、いろんな電車に出会えますから。子どものころ読んだ本に、JRの中央本線と総武本線、そして東京メトロ丸ノ内線の電車が一堂に会するシーンがあり、「東京ってすごいなあ」と感動。後になって、その場所が御茶ノ水駅近くだということを知り、初めて実際に訪れた時には、「おお、これか!」と感動しちゃいました。

でも、なんだかんだいっても、やっぱり東京のシンボルはJRの山手線だと僕は思って

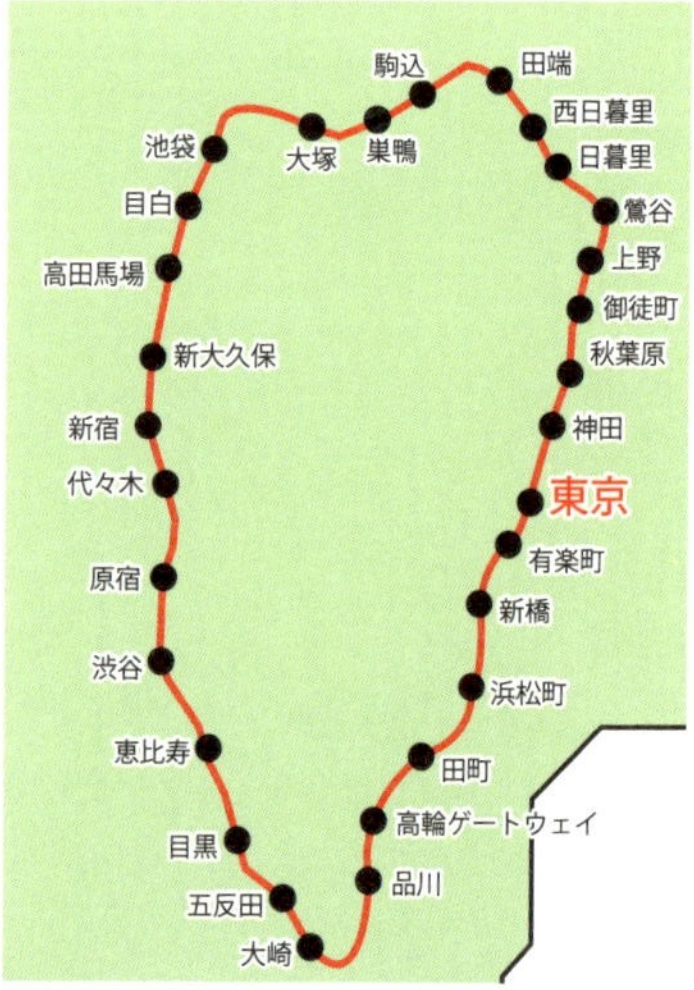

日本を代表する鉄道路線・ＪＲ山手線で活躍する E235 系。この色とこの顔を見ると、「ああ、東京に来たなあ」と実感します。

います。東京を訪れたら、必ず乗る路線だというのも大きいかもしれません。

山手線で「すごいなあ」と思うのは、それぞれの駅前に個性があること。大ターミナルの上野駅や新宿駅に圧倒される一方、巣鴨駅のように商店街が主役の駅もあります。ちなみに巣鴨駅は山の手にあり、どことなく庶民的な雰囲気が漂っていて、個人的にお気に入りです。

また、山手線の駅と接続している私鉄路線の、デザインセンス抜群な特急列車にも注目したいところ。新宿駅からの小田

東京では複数の路線が並走している区間が多く、列車もひっきりなしに行き交うため、いつまでも見ていられます。

急「ロマンスカー」や、池袋駅からの西武「Laview」は、いつ見てもかっこよく、見るだけでは満足できなくて思わず乗ってしまうほどです。

同じ環状路線でも、僕がよく使うJR西日本の大阪環状線とは全く違う山手線。いつ乗っても、新鮮な驚きがある路線です。

見どころ満載の東京駅

東京を代表する路線が山手線なら、東京を代表する駅はやはり東京駅でしょう。2012年10月には丸の内駅舎が開業当初の姿に復原されましたが、ドーム屋根の美しさはまさに別格。外から眺めても、中から見上げても、飽きることがありません。

東京駅はもともと、天皇陛下が鉄道を利用しやすいようにと考えて造られた駅。そのため、駅と皇居は一直線で結ばれています。要人が利用する日だったのか、駅舎の前に規制線が張られているのに遭遇したこともありますが、それも東京駅らしい風景といえるでしょう。

また、東京駅は歴史的事件の現場となったこともあります。実は駅構内で、戦前に2人の首相、原敬《はらたかし》と浜口雄幸《はまぐちおさち》が襲撃されているのです。それぞれの現場には説明板があり、そ

東京駅の5・6番ホームに残されている柱。おしゃれな装飾が日本を代表する駅であることを感じさせます。

の歴史を伝えています。

ホームでは、5・6番線の有楽町駅寄りに注目。1914年の開業当時から、空襲などに耐えて2015年まで使われていた柱が保存されています。なかなかおしゃれな装飾が施され、まるで"東京駅のタイムカプセル"といった感じです。

ところで、僕は東京駅で「プラットホームを端から端から見通せるまで帰れない」というのをやったことがあります。夜なら比較的簡単かと思ったのですが、これが予想以上に難しい。厄介だったのは、東京駅で折り返すJR東海道本線の列車でした。いったん来ると、10分くらいずっとホームにいるんです。何度も阻まれ、24時を回ったところでようやく成功。終電間際で無事に達成することができ、本当によかったです。

御茶ノ水駅付近で交差する、JRと東京メトロの車両。子どもの頃に見た写真と同じ光景です。

建設当時の姿に復原された東京駅。大正時代の建物が、現代の街並みに溶け込んでいます。

13

江ノ電&湘南モノレール

湘南エリアを走る 個性的な2つの路線

バラエティ豊かな車両が走る江ノ電

人気観光地の江ノ島を有する湘南エリアには、個性的なローカル鉄道が2つあります。ひとつは、「江ノ電」こと江ノ島電鉄。全国でもトップクラスの人気路線で、藤沢駅と鎌倉駅を結んでいます。沿線には見どころや名所が多く、“インスタ映え”する風景が外国人観光客にも知られていますが、車両にも注目したいところ。江ノ電はこの規模の鉄道会社では珍しいほど、車両のバリエーションが豊富な鉄道なんです。

現在走っている車両は、全部で6種類。この中で最も古く、幅広い層から人気を集めて

江ノ電で僕が一番好きな車両、10形。このカラーリングが湘南の景色によく映えます。
江ノ電は海沿いを走る区間もあって、乗るのも撮るのも楽しい路線です。

いるのが300形です。300形は1956年から1968年にかけて製造された車両で、その特徴は一言でいうと「ザ・昭和」。丸っこい車体は愛らしく、車内の床は木でできていて、なかなかの雰囲気です。

一方、僕のイチオシ車両は10形です。10形は江ノ電の開通95周年を記念して、1997年にデビューしました。ヨーロッパで走っている寝台列車「オリエント急行」のような白色と青色の塗装が、僕の心をつかんで離しません。ほかにも、

10形をベースにした20形や、ファンに人気だった旧５００形のデザインをモチーフとした５００形など、個性的な車両が活躍中です。

ちなみに、江ノ電では全国でも珍しい連接車を採用しています。一般的な鉄道車両は1両ごとに車体を２つの台車で支えていますが、連接車は車体と車体の連結部分に台車があるという構造。急カーブに対応しやすいという利点があり、江ノ電にぴったりなのです。かつては小田急電鉄でも採用されていましたが、２０２３年に引退したため、現在は関東では東急世田谷線と江ノ電でしか見ることができません。

まるでジェットコースターのような湘南モノレール

さて、もうひとつの個性的な鉄道は、湘南モノレール。江ノ電が注目されがちですが、こちらもなかなか楽しい鉄道です。

道路の真上を走る湘南モノレール。電車の“底”が見られるというのは懸垂式モノレールならでは。

レールからぶら下がる形で走る懸垂式モノレールは、まるで空を飛んでいるよう。カーブを通る際には遠心力を感じます。

まず、湘南モノレールは日本で現在2つしかない、レールからぶら下がる形で走行する「懸垂《けんすい》式モノレール」です。下から見上げるとコウモリがぶら下がっているようであり、車内から前を見るとまるで空中を走っているように感じます。

さらに、湘南モノレールが走るエリアは丘陵《きゅうりょう》地であり、アップダウンを繰り返しながら走るのも特徴です。その様子から、鉄道ファンの間では「湘南ジェットコースター」という〝別名〟が付けられているほど。モノレール路線には珍しいトンネルもあって、なかなかスリリングです。

実をいうと、僕は高所恐怖症のため、懸垂式の湘南モノレールはちょっと苦手。ですが、乗る時は〝怖いもの見たさ〟でつい前面展望を眺めてしまいます。「高いところが好き」という方もいるはずなので、そんな方にはおすすめの路線です。ちなみに、日本にあるもうひとつの懸垂式モノレールは、千葉市にある千葉都市モノレール。湘南から千葉へ、懸垂式モノレールのはしご旅もおもしろいのではないでしょうか。

14

「富士山×鉄道」なスポット

いろいろな鉄道から日本一の山を眺める

●新幹線はもちろん、ローカル私鉄からも

日本一の山、富士山。標高3776mという高さはもちろん、山頂からなだらかに広がる形とその存在感、そして抜群の知名度は、まさに日本という国を象徴するキーワードといっても過言ではないでしょう。1929年に国鉄が初めて列車に愛称を付けた際、公募で「富士」が1位となるなど、鉄道にも大きな影響を与えています。ちなみに、後にブルートレインとなった「富士」は、一時は東京と西鹿児島を結んでおり、日本で最も長い距離を走る列車でした。鉄道の世界でも、富士山は日本一だったんです。

富士山をバックに富士川橋梁を渡る東海道新幹線。あまりにも有名な「富士山ビュースポット」で、訪れたことがある方も多いのではないでしょうか。

そんな富士山を車内から眺めるには、やはり東海道新幹線が一番のおすすめです。特に有名なのが、新富士駅の西側にある富士川橋梁《きょうりょう》の付近。晴れた日には車内放送で「ただいま富士山がきれいに見られます」と教えてくれることもあります。また、ここは新幹線の撮影地としても超有名。皆さんも、富士山をバックに新幹線がトラス橋を渡る写真を一度は見たことがあるのではないでしょうか。

また、静岡駅の西側、上り列車で安倍川を渡る手前では、海側の席から富士山を見ることができます。ほんの数十秒だけなので、ちょっと気を抜くと見過ごしてしまうのですが、晴れた日にはぜひチャレンジしてみてください。

もうひとつのおすすめは、富士市を走る岳南《がくなん》電車です。「全駅から富士山が望める鉄道」というキャッチコピーの通り、駅や沿線のあちこちで富士山が見られます。各駅のホームには「富士山ビュースポット」という表示があり、〝映え写真〟が手軽に撮れる工夫も。全長9.2㎞というミニ鉄道で、のんびり富士山鑑賞というのもよいものです。

このほか、富士山麓《ろく》電気鉄道では山梨県側から富士山を見ることが可能。静岡県側とは違った姿が楽しめます。展望席がある「フジサン特急」や、工業デザイナーの水戸岡鋭治《みとおかえいじ》さんが手掛けた観光列車「富士山ビュー特急」も人気です。

遠く離れた場所から富士山を眺めてみよう!

さて、富士山はその大きさゆえ、近場だけでなくかなり遠いところからも眺めることができます。各地にある「富士見」という地名は、文字通りその場所から富士山が見えることがその由来。現在はビルなどに遮られている場所も多いですが、探せば高いところに上らなくても見えるポイントがまだまだたくさんあります。

では、富士山が見られる最も遠い場所というのは現在どこなのでしょうか。以前、動画の企画で取り上げたことがあるのですが、その時は約１００㎞離れた、ＪＲ武蔵浦和駅付近を走る東北新幹線の車窓から見ることができました。あの時の感動は、今でも忘れられません。

さらに、これはネットで知った情報なのですが、なんと３２０㎞以上離れた和歌山県那智勝浦町の「色川富士見峠」からも富士山が見えるそうです。もちろん、空気が澄んだ日であることなどさまざまな条件が揃えば……ですが、いつかは訪れてみたいです。

岳南電車の各駅ホームには、このように富士山が見える立ち位置を教えてくれる表示があります。

岳南電車と富士山のコラボ。写真の車両はもともと京王電鉄の井の頭線で走っていました。

15

山万《やままん》ユーカリが丘線

不動産会社が開業した路線は〝ユニーク〟がいっぱい

ニュータウンと共に鉄道を運営

鉄道というのは、「2本の鉄製レールの上を走る乗りもの」だけではありません。たとえば、モノレールは名前の通りレールが1本で（「モノ」とはギリシャ語で「ひとつの」という意味です）、そのレールもコンクリート製だったりします。48ページで紹介したトロリーバスや、路面の上をゴムタイヤで走るAGTも、鉄道の一種。東京のゆりかもめや大阪のニュートラムなどがこれで、「新交通システム」とも呼ばれています。

AGTは、日本では1981年に神戸と大阪で実用化され、現在は10路線が営業中。ほ

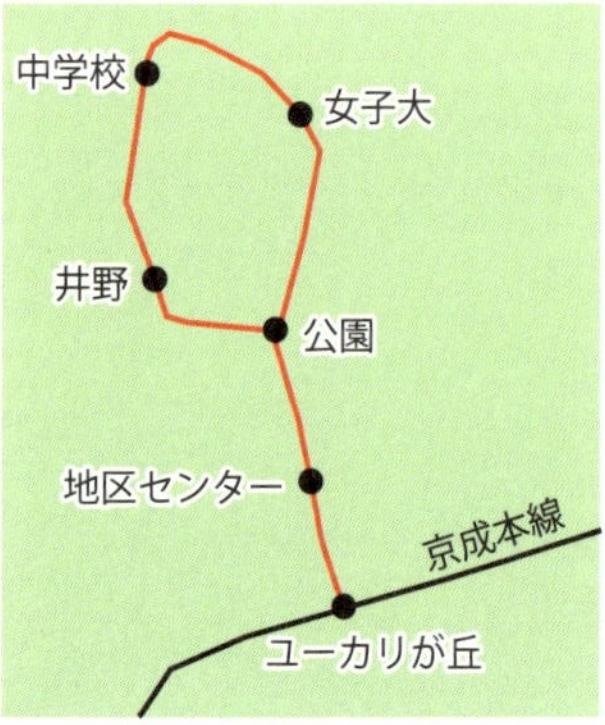

山万ユーカリが丘線の列車。同線は不動産会社が鉄道を造った稀有な事例です。よく見ると、屋根の上にはクーラーがなく、車両の窓がすべて開いているのが分かります。

とんどの路線が都市部の道路上を高架で走行しており、都会の景色を楽しむことができます。そんななかで僕がおすすめしたいのは、千葉県にある山万《やままん》のユーカリが丘線です。

　ユーカリが丘線の面白さは、まず会社自体にあります。名前に「鉄道」とつかないことから分かる通り、山万は鉄道が本業ではなく、街づくりを手掛ける不動産会社。ユーカリが丘の開発を進めるにあたり、ここに住む人たちの足を確保するため、ユーカリが丘線を造ったのです。

ちなみに、ユーカリが丘という地名も、「ユーカリの大木のように、この地域が大きく発展してほしい」という願いを込め、山万が名付けました。

鉄道会社が住宅開発をするというのは一般的ですが、逆に不動産会社が鉄道を運営するという例はありませんでした。国からは「鉄道業を馬鹿にするな」とまで言われたものの、住民が便利で快適に暮らすには鉄道が必要だ！　と諦めず、ついに開業へとこぎつけました。その心意気、なんとも素晴らしいですよね。

●クーラーが設置できない車両の”秘策“は？

こうしてできたユーカリが丘線は、当時まだ最先端だったＡＧＴを採用しました。地名にちなんで「こあら号」の愛称が付けられた車両は、丸みを帯びたかわいらしいデザイン。車両の構造上、クーラーを搭載することが難しいため、今も非冷房車のままですが、それをユニークなアイデアで補っています。それは、車内のクーラーボックスで提供されるおしぼり。ロングシートの通勤電車でおしぼりがもらえるのは、おそらく全国でもここだけではないでしょうか。車内ではうちわの貸し出しもあり、なんともアナログですが、思わず笑顔になってしまうサービスです。

こちらは東京を走る「ゆりかもめ」。AGTはコンクリートなどでできた軌道の上をゴムタイヤで走行します。

一方、ユーカリが丘線では時代の最先端を行く取り組みも進んでいます。2024年には全国の鉄道で初めて、顔認証乗車システムが本格的にスタート。バスも共通のシステムで、事前に登録しておけば〝顔パス〟で乗ることができます。また、券売機で販売されるきっぷも磁気券からQR乗車券となりました。

ローテクとハイテクが組み合わさった、ユーカリが丘線。ぜひ皆さんも、その楽しさを体験してみてください。

通勤電車なのに
おしぼりサービスが
あるんです！

16

魅力度ワーストの茨城県を楽しむ旅

グルメだけではなく
鉄道も魅力いっぱい！

鉄道だけでも魅力がいっぱい！　なのに……

突然ですが、皆さんは「都道府県の魅力度ランキング」というのをご存じでしょうか。

このランキングはタイトルの通り、全国から回答を集めたアンケートをもとに、各地域の魅力度や認知度などをまとめたもの。２０２３年のランキングでは約３万４０００人分が集まり、第１位は北海道、第２位は京都府、第３位は沖縄県と、いずれも有名観光地が多数ある都道府県が選ばれました。

一方、このランキングで最下位となったのが、茨城県です。実は、茨城県は２０１３年

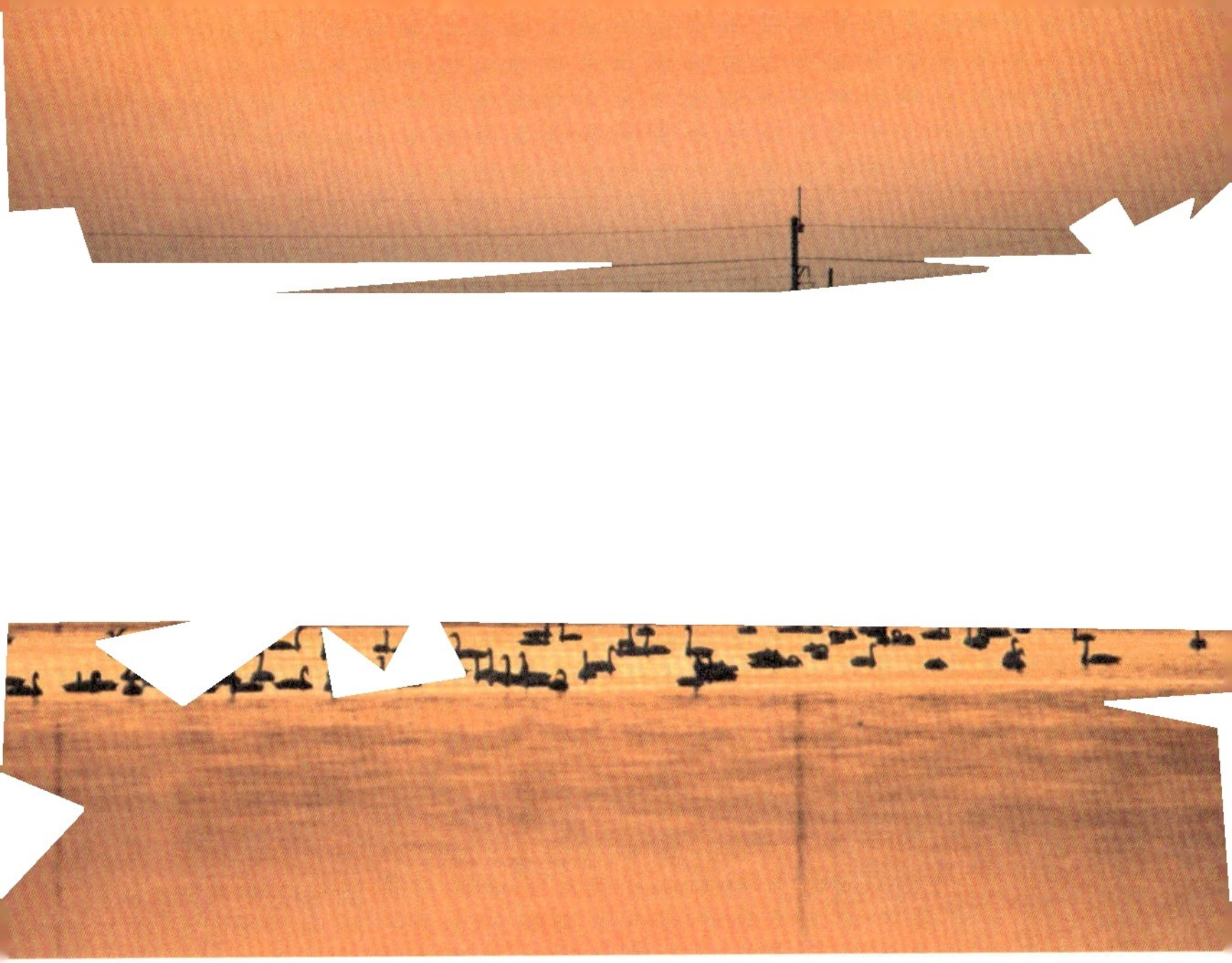

「茨城県は魅力がない」なんてとんでもない！ JR東日本の豪華クルーズ列車「TRAIN SUITE 四季島」がルートに選ぶほどの、こんな素敵な景色があちこちで見られるんです。

から7年連続で最下位を記録。２０２０年にいったん42位まで上昇したものの、２０２１年は再び最下位、２０２２年はワースト2である46位と、不名誉な順位に甘んじています。

　では、茨城県はそんなに魅力がないのか？　僕はそうとは全く思いません。なぜなら、「鉄道」という切り口だけでも、茨城県には魅力がいっぱいあるからです。ここからは、それをたっぷりと解説しましょう。

　まず、茨城県の鉄道で僕が最も魅力的だと思うのは、ＪＲ鹿島線です。多くの区間が高架で、のどかな田園風景を旅客列車だけでなく長い編成の貨物列車も走っていて、”撮り鉄“にも有名な路線。途中、利根川や北浦を渡る長い橋梁があり、車内からもとても開放的な景色を楽しめます。

鹿島線と接続している鹿島臨海鉄道でも、のどかな景色が楽しめます。こちらは、僕が大洗港と北海道の苫小牧港を結ぶフェリーに乗る時にも使う路線。特に旅の帰りは疲れているので、なかなか景色をゆっくり見る余裕がなく、一度のんびりと訪れたい路線でもあります。

さらにその北側には、ひたちなか海浜鉄道が走っています。全国のローカル線で利用者数が減少するなか、ここは利用者数が増え続けており、注目を集めている路線です。ＪＲ東日本から車両を購入し、一部は観光列車に改造する計画が発表されたほか、２０３０年には路線が延伸される予定で、今後ますます目が離せません。

地元Ｂ級グルメも楽しめるフリーきっぷが！

内陸部でおすすめなのは、関東鉄道です。ＪＲ常磐線の取手《とりで》駅から延びる常総線は、全国的にも珍しい「ディーゼルカーが走る複線の通勤路線」で、朝のラッシュ時は最短５分

ＪＲ鹿島線を走る列車。川面の上を滑るように走る姿は、まるで外国のような光景です。

間隔で次々と列車がやってきます。これに対して、同じく常磐線の龍ケ崎市駅から延びる竜ヶ崎線は、1両編成のディーゼルカーが行ったり来たりするだけののんびりした路線。地元のB級グルメであるコロッケの割引券が付いたフリーきっぷなど、面白い取り組みも行なわれています。

茨城県を走るひたちなか海浜鉄道。海の近くを走る区間ではこのような景色を見ることができます。ちなみに沿線はサツマイモの一大産地として知られ、干し芋も絶品です。

こちらは関東鉄道の常総線。広々とした関東平野を走り、筑波山を眺めることもできます。

常磐線といえば、ひたち野うしく駅も特徴ある駅です。この駅は1998年に開業したのですが、実は同じ場所で1985年に約半年間だけ、つくば科学万博の最寄り駅として「万博中央駅」が営業していました。その面影は全くありませんが、そんな経緯を知ってから駅を訪れると、何か違った見方ができるかもしれません。

鉄道だけでもこんなに魅力いっぱいの茨城県。来年こそは「魅力度ワースト」なんて言わせません！

Chapter 3 関東・東海

17

碓氷峠《うすいとうげ》

鉄道ファンなら誰もが一度は訪れたいと憧れる〝聖地〟

●「この頃に生まれていたかった」と思う場所

群馬県と長野県の県境にある碓氷峠。一般的にはそれほど有名でないかもしれませんが、多くの鉄道ファンにとっては特別な場所のひとつです。

碓氷峠に本格的な鉄道が走り始めたのは、1893年のこと。この峠は群馬県側と長野県側の標高差がかなり大きく、普通の鉄道では上れないレベルの急坂となってしまいます。そこで、2本のレールの間に歯状のラックレールを敷き、車両側に取り付けた歯車を噛み合わせて上る「アプト式鉄道」が採用されました。

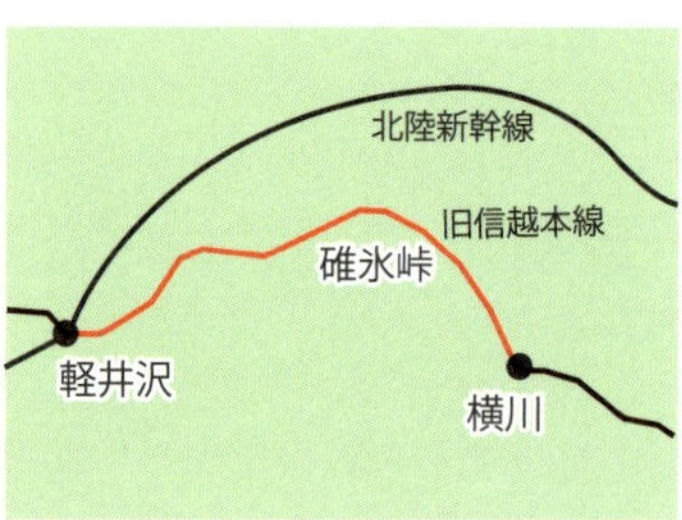

碓氷峠を越えるために製造された専用の電気機関車、EF63形。この区間の廃止と同時にすべて廃車されましたが、「碓氷峠鉄道文化むら」では動態保存が行なわれています。

その後、技術の進歩などによって普通の鉄道でも安全に通過できるようになり、1966年にアプト式は廃止されましたが、ここを通るために専用の電気機関車をつなぐ必要があるなど、特殊な区間であることには変わりありませんでした。余談ですが、このアプト式鉄道は今、大井川鐵道の井川線で乗ることができます。

一方、碓氷峠は全国屈指の名物駅弁も生み出しました。横川駅で売られている「峠の釜めし」がそれ。「碓氷峠に行ったことはないけど、これは食べたことがある」という方もいるのではないでしょうか。当時は駅弁といえば冷えた幕の内弁当が主流で、保温性の高い土釜に入った釜飯はたちまち大人気に。横川駅では電気機関車の連結などでしばらく停車するため、その間にこの駅弁が飛ぶように売れたそうです。

1997年に北陸新幹線が高崎〜長野間で開業したことで、碓氷峠を越える信越本線の区間は廃止されました。廃止前には全国から大勢の鉄道ファンが詰めかけ、最終日にはテレビによる中継が行なわれたほど。僕はまだ生まれていなかったので、YouTubeなどで当時の映像を見ると、「この頃に生まれていたかったなあ」と思います。

今は徒歩で"列車になった気分"が味わえる

ところで、僕は碓氷峠を徒歩で越えたことがあり、動画でも公開しています。この時は、とにかくいろいろなものとの闘いでした。単純に、峠を越える坂道が大変だというのもありますが、そもそもお昼に出発したため、暗くなる前にゴールしなければならないという時間との闘い。さらに、10月末のチャレンジだったので、「クマが出るかもしれない……」という野生動物との闘いです。幸い、クマとは遭遇しませんでしたが、キツネとイノシシは見かけました。もちろん、野生動物と闘うわけにはいかないので、実際には"野生動物が出るかもしれないという恐怖との闘い"ですね。

「碓氷峠鉄道文化むら」のトロッコ列車。右に見えるのは碓氷峠を通る列車を支えていた丸山変電所の建物です。

廃線跡の一部はハイキングコースとして整備されています。トンネルや橋梁を歩くことができるので、鉄道が通っていた時の景色を疑似体験することが可能。「峠の釜めし」を買い、途中で食べるのもよいでしょう。横川駅側は、鉄道車両が保存され廃線跡を活用したトロッコ列車もある「碓氷峠鉄道文化むら」や、温泉施設も営業していて、一日楽しむことが可能。歩いて軽井沢駅側に抜ける場合は、道路を走る自動車に十分注意しましょう。

かつてはとても苦労して越えていた峠を、北陸新幹線はほんの数分で通過します。わずかに分かる勾配を感じながら、先人の功績と鉄道の偉大さに思いを馳せてみてください。

廃線になった後も
多くのファンに
愛されています！

18

東海道新幹線

言わずと知れた日本一の大動脈路線

「のぞみ」12本の秘密は掛川駅にあり？

「東海道新幹線は〝日本の屋《や》台《たい》骨《ぼね》〟である」といっても、反論する人は誰もいないのではないでしょうか。実際、僕も東海道新幹線をかなりの頻度で利用しています。そして、乗車する度におもしろい発見が見つかるのもまた、東海道新幹線。ここでは、そんな東海道新幹線がもっと楽しくなるトリビアを紹介したいと思います。

　東海道新幹線には「のぞみ」「ひかり」「こだま」の、3タイプの列車があります。このうち、最も本数が多いのは「のぞみ」。実は、1時間あたり最大で12本の「のぞみ」が

日本が世界に誇る高速鉄道・東海道新幹線。世界初の高速鉄道ともいわれ、現在は最高時速 285km で東京〜新大阪間をわずか 2 時間 20 分強で結んでいます。

走っているんです。そして、12本もの高速列車を走らせるには、車両を高速化する以外に、さまざまな工夫がなされています。

そのひとつが、列車の追い抜きです。途中駅で「のぞみ」が「こだま」をスムーズに追い抜けないと、どんどん後ろがつかえてしまい、列車の本数を増やすことができません。そのため、東海道新幹線はほとんどの駅で追い抜きのための設備が設けられています。

なかでも特徴的なのが、掛川駅です。

ここでは多くの「こだま」が「のぞみ」の通過待ちをするのですが、掛川駅をよく観察すると、「こだま」の進入する待避線が他の駅よりも長いことに気がつくでしょう。本線と待避線が分かれるポイントを駅からかなり先に設置することで、「こだま」を早く待避線に逃がし、本線を空ける狙いがあるのです。

そうこうしている間に、「こだま」が掛川駅に到着。すると、完全に止まらないうちに、「のぞみ」が「こだま」を抜き去るではありませんか。このようなアクロバティックな追い抜きのおかげで、「のぞみ」12本ダイヤが実現できているのです。

「統一感」がポイント

次は、車両についてです。東京駅で新幹線を見ていると、東海道新幹線は全ての車両が白色をベースに青帯という外観で、車両の形もほとんど同じ。隣にある東北新幹線のホームには秋田新幹線「こまち」や山形新幹線「つばさ」の車両が顔を出し、バラエティ豊かなのとは対照的です。それもそのはずで、東海道新幹線で現在走っている車両は、N700AとN700Sの2種類のみ。両者はデザインや走行性能、座席の数や車内設備もほぼ同じとなっています。車両を統一することで効率化を図るとともに、「こだま」も

「のぞみ」と同じスピードで走れるようにして、「のぞみ」の運行を妨げないようになっているのです。

とはいえ、東海道新幹線の車両も最新技術を取り入れるなど、確実に進化しています。

東海道新幹線の最新車両・N700S の車内。駅に近づくと車内の照明が明るくなります。

僕がN700Sに初めて乗った時に最も驚いたのは、座席です。リクライニングさせると座面が沈み込み、まるでゆりかごのよう。N700Aと比較して、座り心地が大幅に良くなっています。また、これまで窓際と車端部の席にだけあったコンセントが、すべての座席に設置されているのもうれしいところ。場所も壁際から肘掛部分となり、はるかに使い勝手が良くなりました。

そんな東海道新幹線では、2026年度中に個室が導入されます。「統一感」を重視しつつも進化し続ける東海道新幹線に、これからも目が離せません。

19

名古屋にしかない"変わった鉄道"

磁気浮上式のリニアやガイドウェイバスが活躍

●ドラえもんよりすごい？「リニモ」

皆さんは、名古屋に「ここでしか見られない鉄道」が2つあるのをご存知でしょうか。しかも、その鉄道は実験段階ではなく、すでに一般営業中。予約など特別なことをしなくても、ふらっと訪れて乗車できるのです。

最初に紹介するのは、"未来の乗り物"リニアモーターカーの一種である、「リニモ」こと愛知高速交通です。「リニモ」は、2005年に開催された愛知万博の会場アクセス路線として開業し、現在は地元の人々の足として活躍しています。

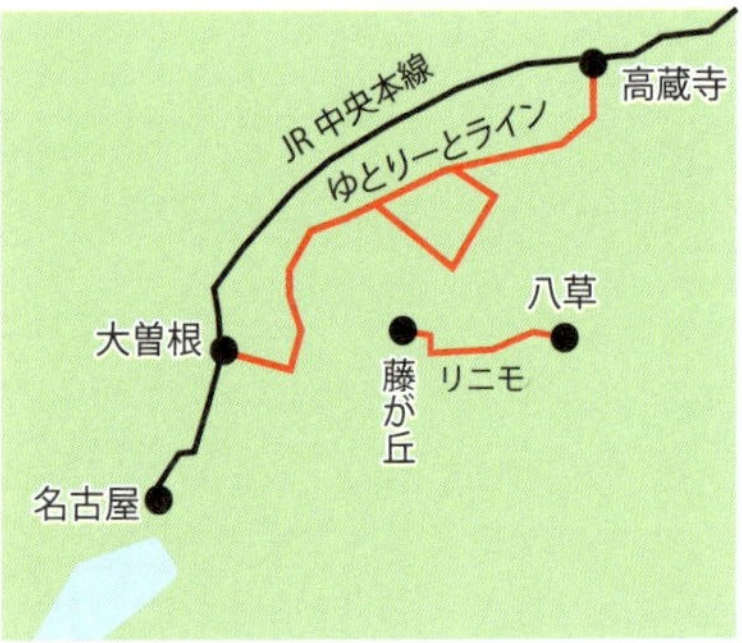

リニアモーターカーの「リニモ」。ちなみに、リニア新幹線が磁気の反発力で浮くのに対し、「リニモ」は板状の軌道を上下から挟み込むように台車があり、その下部で磁気の吸引力を発生させて浮いています。

「リニモ」は、JR東海が建設を進めている「リニア新幹線」とは構造が違うものの、浮上しながら走行するという点は同じです。浮上の高さは8㎜。ちなみに、ドラえもんは常に3㎜ほど浮いているそうです（足音が人間とちょっと違うのはそのためらしいです）が、それよりも浮いているわけで、なかなかすごいと思いませんか？

実際に駅で「リニモ」の下回りをよく見ると、確かに浮いているのが分かりま

す。また、車輪がないことも確認できました。車輪がないということは、摩擦抵抗がないため、駅停車中は動くことがないよう、車両側の油圧ブレーキがレールを挟み込んでロックする仕組みになっています。ちなみに、故障などで浮上できなくなった場合に備えて、非常用のローラーも装備しているそうです。

「リニモ」は無人運転で運行されています。ロックが外れる「ガッ」という音が発車の合図。車内はとにかく静かで、走行音よりも人の声の方が大きく感じます。おそらく、全国の鉄道車両の中で一番静かなのではないでしょうか。加速もとてもスムーズで、普通の鉄道では上るのが難しい70パーミルの急勾配もなんのその。最高時速の100㎞に達しても、静かすぎて感動しました。

バスなのに鉄道?「ゆとりーとライン」

もうひとつの「ここでしか見られない鉄道」は、「ゆとりーとライン」の愛称で親しまれている、名古屋ガイドウェイバスです。見た目はバスそのものなのですが、タイヤの外側に案内装置があり、専用道路では両側にあるガイドレールに沿って自動でハンドルが動くようになっています。そのため、専用道路を走る際には運転士はハンドルを持たず、アクセルとブレーキを足で操作するだけ。速度標識を指差し確認する点も、鉄道と同じです。「ゆとりーとライン」は、大曽根駅から小幡緑地駅まではこの専用道路を走行。小幡緑地駅からは一般道に移り、高蔵寺駅に行きます。一般道ではもちろん、ハンドルを操作。つまり、「ゆとりーとライン」は"バスなのに鉄道"という、不思議な乗り物なんです。

ところで、名古屋では現在、「SRT」と呼ばれる新たな路面公共交通システムの導入が予定されています。「SRT」は、連接バスやLRT（次世代型路面電車システム）の"いいとこ取り"をした公共交通とのことで、人々を「あっ」と言わせるような新たな乗り物が、また名古屋から生まれそうですね。

専用道路を走行する「ゆとりーとライン」。どこからどう見てもバスですが、専用道路上では自動で曲がることができます。

名古屋には変わった"鉄道"がいっぱい！

20

東海地方のローカル鉄道

ユニークな取り組みで人々を惹きつける

●「グルメ列車」発祥の地・明知《あけち》鉄道

近年、鉄道は単なる観光スポットへの移動手段としてだけではなく、観光スポットそのものとして定着しつつあります。全国のあちこちで、地域の特色や個性的なコンテンツを詰め込んだ観光列車が数多く登場。鉄道ファンに限らず、「観光列車に乗るために旅をする」という人が増えています。

では、観光列車の魅力とはどんなところにあるのでしょうか。工夫を凝らしたデザインだったり、居心地の良い、あるいは非日常を感じられる車内空間だったり、窓から見られ

35年以上前から運行されている、明知鉄道の料理列車。沿線で生産される細寒天は全国シェアの8割を誇っており、これを使ったヘルシー料理が食べられます。

る絶景だったりと、列車によってさまざまですが、「食」もそのひとつ。その土地の食材を使った料理が食べられる、というのを売りにする観光列車は多く、本格フレンチからスイーツまで、各社が趣向を凝らしています。

そんななかで僕が紹介したいのは、岐阜県にある明知鉄道です。明知鉄道は、国鉄明知線を受け継ぐ形で1985年に誕生した第三セクター鉄道で、その2年後に「寒天列車」の運行を開始しました。これは、沿線の特産品である寒天を使ったお弁当が車内で食べられるというものです。当時は車内で食事といえば新幹線などの食堂車しかなく、また観光列車というのもほとんどない時代。つまり、この寒天列車が「食事を楽しめる観光列車」の先駆者といえるのです。

それから35年。明知鉄道では「きのこ列車」や「じねんじょ列車」などもラインナップに加わり、四季折々の料理が楽しめるようになりました。JTB時刻表では、この列車に食堂車のアイコンが付いていて、これも全国唯一です。車両は一般的なロングシートのものですが、それがよりいっそう"非日常感"を演出しています。

アニメとのコラボや「日本でここだけ」がある鉄道も

東海地方には、この明知鉄道を筆頭に個性豊かなローカル鉄道がそろっています。長良《ながら》川鉄道では工業デザイナーの水戸岡鋭治さんが手掛けた観光列車「ながら」が走るほか、絶景ポイントで速度を落とす「清流列車」も運行。"天浜《てんはま》線"の愛称で知られる静岡県の天竜浜名湖鉄道では、人気アニメとコラボしたラッピング車両が人気です。コラボといえば、同じ静岡県の大井川鐵道《てつどう》は『きかんしゃトーマス』とのコラボを毎年開催しており、その再現度の高さは大人も思わずにやりとしてしまうほど。加えて、千頭《せんず》〜井川間の井川

明知鉄道の「じねんじょ列車」。冬には「枡酒列車」も運行されます。

もともと近鉄の路線だった四日市あすなろう鉄道。小さな車体ですが近年はクーラーを搭載するなどサービス向上が図られています。

線には日本一の急勾配や、絶景スポットとして知られる奥大井湖上駅《おくおおいこじょう》など、ここにしかない光景が楽しめます。

また、三重県を走る四日市あすなろう鉄道や三岐《さんぎ》鉄道北勢線は、先に紹介した黒部渓谷鉄道と同様、線路の幅が新幹線の半分ほどしかない「ナローゲージ」を採用する数少ない路線。車体も小さく、まるで遊園地の乗り物のようですが、朝夕のラッシュ時には満員となり、地域の人々の生活を支えています。

それぞれが魅力たっぷりの、東海地方のローカル鉄道。僕ももう一度、ひとつずつゆっくり訪ねてみたいと思っています。

ローカル鉄道にしかない
魅力は一度味わったら
病みつきです！

COLUMN 3

僕が旅に持っていくもの

リュック1個に3日分の着替え 忘れ物があってもなんとかなる！

取材や旅行に出かける時は、「荷物はリュック1個」というのを基本にしています。その理由は、両手がフリーになるから。取材中はだいたい片手にカメラを持っているので、なるべく手を空けておきたいんです。荷物が1個だと、飛行機を使う時に預ける必要がなく、到着してすぐに動けるというのもメリットです。

リュックの中身は、カメラとパソコン、充電器類、着替えが中心。いつも同じ服装のように思われることもありますが、ちゃんと着替えていますよ（笑）。どんなに長い旅行でも、着替えはだいたい3日分くらいで、こまめに洗濯するようにしています。荷物が重くなるため、時刻表はほとんど持っていきません。逆に、必ず持ち歩くのがメモ帳とボールペン。今はスマホでもメモを取れますが、さっとメモを取りたい時にはデジタルよりアナログの方が便利です。あと、大切なのは「最悪、どこかで買える」という気持ち。今はコンビニなども豊富ですから、ある程度割り切って荷物を減らし、フットワークよく動けるようにしています。

Chapter

4

近畿

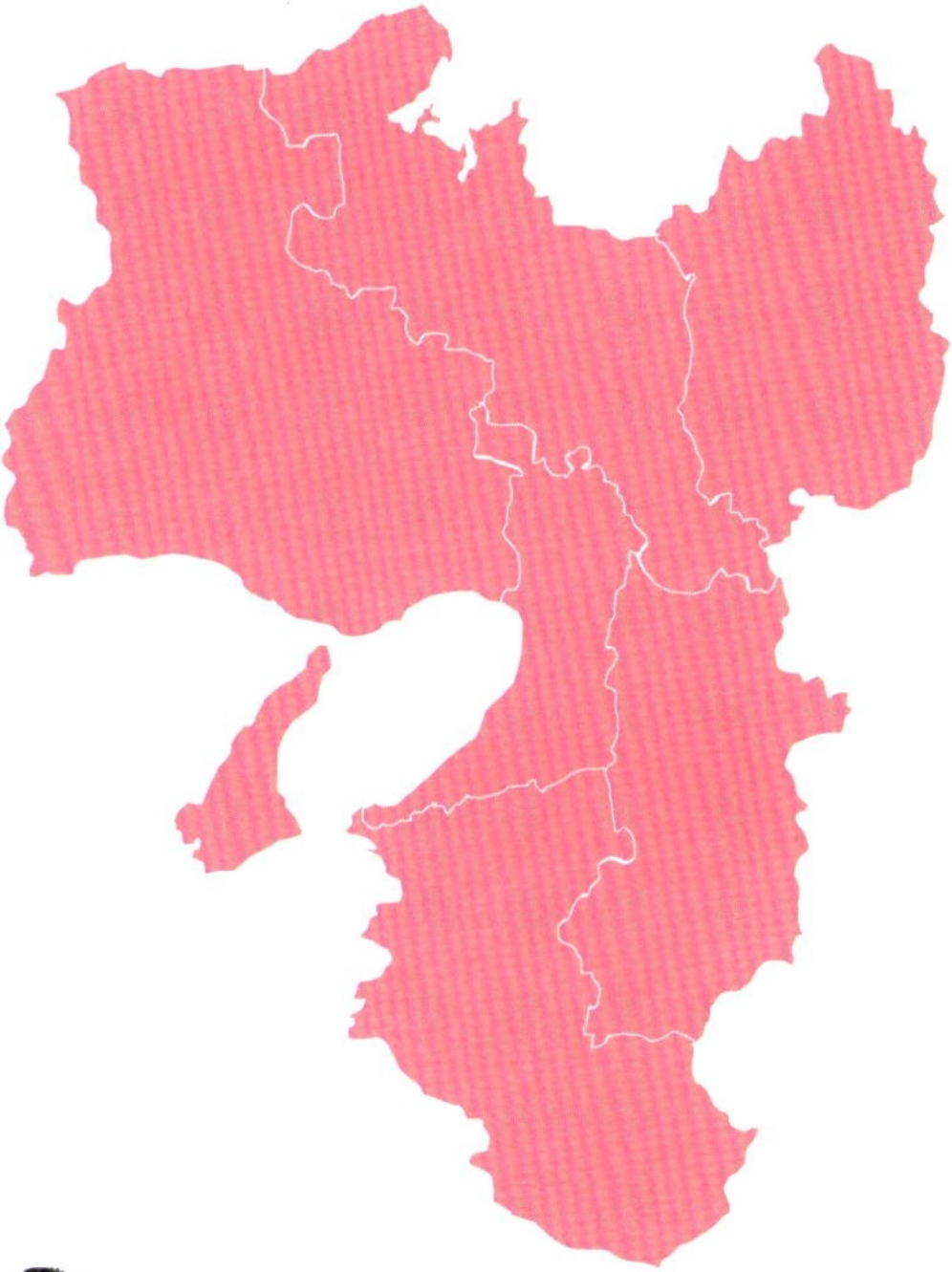

僕のホームグラウンドである近畿。初めての運転体験やジョイフルトレインの乗車など、思い出深いエピソードをまとめました。飛行機からの“見る鉄”や近鉄特急の○○など、ちょっとした変化球もお楽しみください。

21

大阪の万博と鉄道

万博の開催は
鉄道にとっても大事！

●地下鉄中央線で延伸や車両更新が進行中

さて、いよいよ僕のホームグラウンド、大阪や関西の鉄道についてお話しする順番がやってきました。

大阪といえば、2025年に開催される大阪・関西万博の話題がホットです。2001年生まれの僕にとって、万博をリアルで体験するのは初めてのこと。しかも、それが自分の地元で開催されるというのですから、楽しみでしかありません。

そして、大阪・関西万博は大阪の鉄道にも大きな変化をもたらします。会場を訪れる多

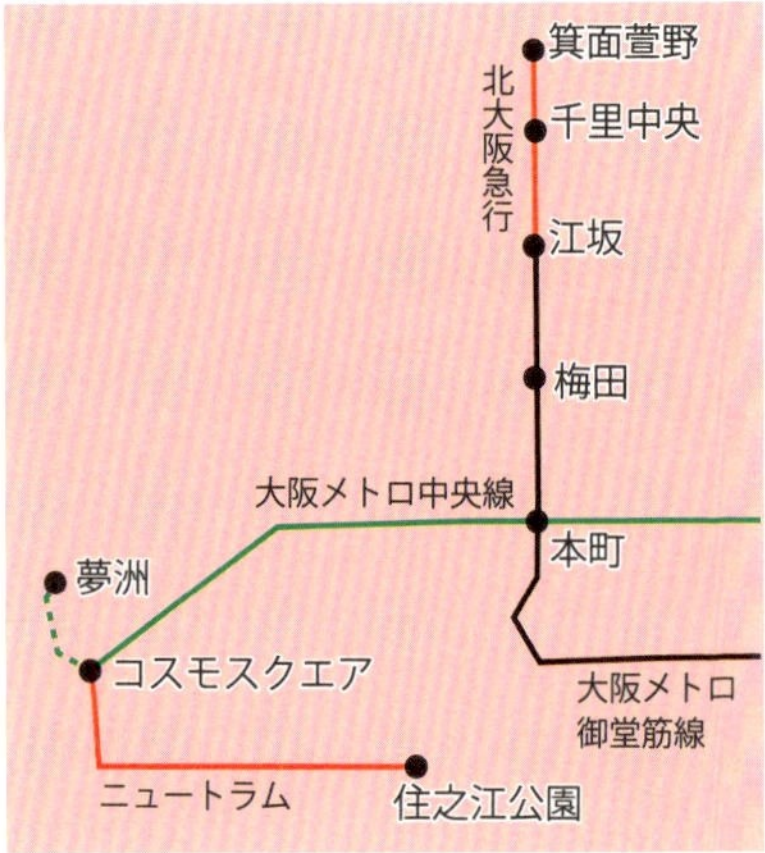

大阪メトロが大阪・関西万博に向けて導入した新型車両・400系。宇宙船をイメージさせるデザインですが、皆さんは何に見えますか？

くの人々を運ぶため、大阪メトロの中央線が夢洲《ゆめしま》駅まで延伸されることになり、現在は工事の真っ最中。僕の動画でも、２０２４年の初めに延伸区間の様子をリポートしました。トンネルや新駅の地下部分はほとんど完成していて、今の終点であるコスモスクエア駅のホームに立つと、夢洲駅に向かってレールが延びているのが見えます。「もう少しすれば、この先に行くことができるんだ……」と、想像するだけでワクワクするんです。

また、中央線では万博開催に合わせて

車両の置き換えも進められています。新たに開発された400系を初めて見た時の僕の感想は、「すごい！　宇宙船だ！」というもの。〝万博に向かう列車〟というイメージにぴったり合っていました。6両編成のうち1両は、進行方向（またはその逆）を向いて座る「クロスシート」になっているのも、とても斬新な印象を与えてくれます。

現在は、この400系に加えて万博開催中の増発に必要な車両（こちらも新車で、万博の終了後は他の路線で使われます）も続々と登場。ピーク時は大阪の大動脈である御堂筋線並みの本数が運行されるそうで、今から楽しみです。

万博のためだけに造られ、消えた路線がある！

ところで、大阪では1970年にも万博が開催され、この時も今と同じように大阪の地下鉄が大きな変化を遂げました。それまで新大阪駅までだった御堂筋線が江坂《えさか》駅まで延伸され、さらにその先は「北急」こと北大阪急行電鉄が路線を建設。〝驚くべき方法〟で、万博会場に直接乗り入れました。

その〝驚くべき方法〟とはいったい何なのか。北急の路線の一部は、なんと高速道路の予定地に建設され、万博の終了とともに廃止・撤去されたんです。その営業期間はわずか半年。万博をきっかけに路線を開業させたり、期間中に臨時駅を営業したりという例は他にもありますが、半年後に廃止する前提で万博のためだけに造られた路線というのは激レアな存在です。当時の日本が、いかに景気が良かったかという見本のような話ですよね。

この〝万博専用路線〟の敷地は、廃止された後に大半が高速道路へと姿を変えており、今は面影がほとんど残っていません。ただし、車内からは千里《せんり》中央駅の南側で万博方面へ向かうトンネルが見えるほか、近くの道路にもかつての千里中央駅へと延びていた歩道橋の跡がわずかに残っています。ぜひ探してみてください。

1970年の万博では、全国から多くの臨時列車が大阪まで運行されました。国鉄からJRとなった今は難しいかもしれませんが、普段関西では見られない、あっと驚くような列車が運転されるのを期待したいところです。

1970年に開催された大阪万博では、この御堂筋線と北大阪急行電鉄が観客輸送に大活躍しました。

Chapter 4 近畿

22

京阪電車京津《けいしん》線

地下・山道・道路の上……3つの顔を持つ鉄道

知れば知るほど楽しい！ユニークな路線

京阪電車の京津線は、京都市の御陵駅と滋賀県大津市のびわ湖浜大津駅を結ぶ全長7・5㎞の路線です。と、こんな風に書くと、どこにでもあるミニ路線の一つに思えるかもしれませんが、実は地下鉄～山岳鉄道～路面電車と〝3つの顔〟を持つ、ユニークな路線なのです。いったいどういうことなのか、詳しくご説明しましょう。

まずは「地下鉄」。京津線は御陵駅から京都市営地下鉄の東西線に乗り入れています。地下鉄東西線は、京都市役所や烏丸御池のオフィス街を通る路線。つまり、京津線は京都

まるで路面電車のような上栄町～びわ湖浜大津間を走る京阪800系。これだけ大きくて長い列車が道路上を走るのは日本でもここだけです。初めて車で通った人は驚くかも？

市の中心部へとダイレクトアクセスできる路線なのです。

　御陵駅は地下駅ですが、しばらくすると地上に出ます。隣の京阪山科駅からは、いよいよ山岳区間へ。京都府と滋賀県の間には逢坂山があり、電車は山と川の谷間をゆっくりと走ります。途中には全国の鉄道でトップレベルに入る急カーブが車輪とレールの擦れる音を低減するため、スプリンクラーが設置されているのも独

特です。地下鉄区間でうっかり寝過ごしてしまい、山岳区間で目が覚めたら、さぞかし驚くでしょう。

もちろん「山岳区間」というだけあって、急勾配も日本トップレベルです。ぜひ注目したいのが、40パーミルという急勾配の途中にある大谷駅。日本一傾斜がきつい駅として知られています。その傾きゆえ、駅のベンチは左右で脚の長さが違っていて、これも見逃せません。本来、これだけの急坂に駅を造ることは法律で認められていませんが、大谷駅の場合は安全を確保したうえで、特別に許可を得ています。

京津線最後の駅、上栄町を過ぎると、いよいよ3つ目の顔、「路面電車」の出番。終点のびわ湖浜大津駅まで、4両編成の電車が堂々と道路を走ります。すぐ横を自動車が普通に走っていて、まさしく路面電車。こちらも本来は法律上認められていないのですが、特例として許可されています。その様子を外から見ていると、大人でも楽しくなってくるに違いありません。

新幹線よりも高級？な車両

こんな特別な路線ですから、走る車両も特別仕様です。京津線で使われる800系は、

大谷駅のホーム。あまりの急坂に駅があるため、ベンチの脚の長さが左右で違うのが分かります。

急カーブに対応するため、１両あたりの長さが１６．５ｍ。京阪の一般的な電車と比べて２ｍ以上短く、幅も40㎝ほど小さくなっています。一方、製造コストは１両あたり約２億円と一般的な車両よりもかなり高額に。新幹線は１両あたり約２．５億円といわれているので、１ｍあたりだと８００系の方が新幹線よりも高いということになるんです。

製造コストが高い理由は、〝３つの顔〟に対応するためのさまざまな機能を備えているから。たとえば、急坂を走行できるように４両すべてが電動車になっており、また、地下鉄に乗り入れるための保安装置なども完備しています。ちなみに、京都と琵琶湖を行き来する観光客の利用も想定して、先頭車は車内が１列＋２列のセミクロスシートとなっています。

びわ湖浜大津駅近くの港からは、京阪グループが運航する琵琶湖クルーズ「ミシガン」も出ています。ぜひ、新幹線よりも高級な電車に乗り、びわ湖観光をお楽しみください。

23

叡山電車

京都の四季と歴史を感じる 2つの観光列車が人気

紅葉を楽しめる展望列車「きらら」

皆さんは、京都観光で最もおすすめの季節はいつだと思いますか？

僕は秋だと思っています。春の桜も捨てがたいですが、紅葉の時期の京都はとても美しく、何度訪れてもよいものです。ただ、このシーズンは観光客がとても多いため、訪れるのをためらう方がいるかもしれません。

そこでおすすめしたいのが、叡山電車（余談ですが、関西では「○○電鉄」ではなく「○○電車」と呼ぶことが多いです）の展望列車「きらら」です。叡山電車は、京阪電車

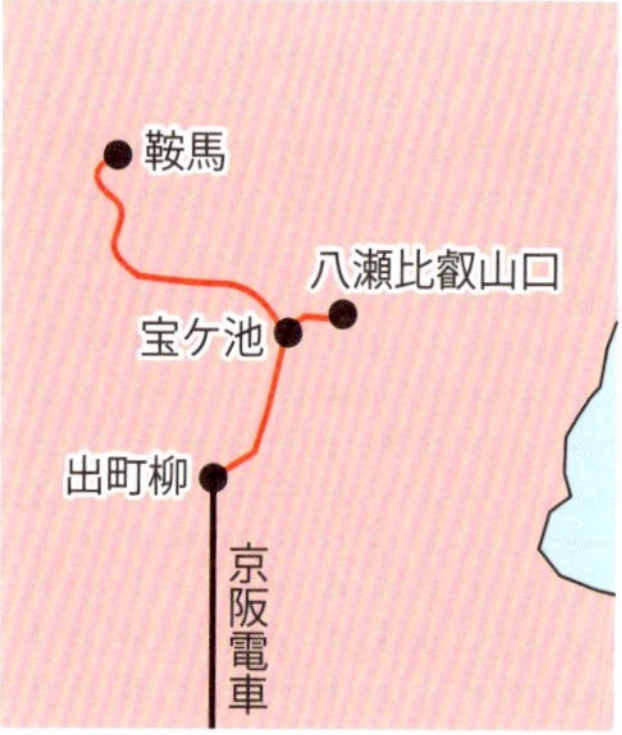

みごとな紅葉の中を走る、叡山電車の観光列車「きらら」。列車の中からこの風景をゆっくり眺めることができ、終点付近では鞍馬寺や貴船神社の観光も楽しめます。

の終着駅である出町柳駅から鞍馬《くらま》駅と八《や》瀬《せ》比叡山口《ひえいざんぐち》駅へ向かうローカル私鉄。八瀬比叡山口駅では叡山ケーブルに乗り換えて、比叡山延暦寺《えんりゃくじ》方面に行くこともできます。

この叡山電車の名物が、車窓から見られる紅葉です。特に、鞍馬線の市原～二ノ瀬間には「もみじのトンネル」と呼ばれる区間があり、車内にいながら紅葉鑑賞ができます。毎年11月にはライトアップもされ、もはや京都の名物となっています。

そして、叡山電車で紅葉を楽しむのにぴったりなのが、展望列車「きらら」です。車内に入ると、側面の窓がとにかく大きいことにびっくりするでしょう。しかも上部には天窓もあり、まるで風景の中にいるよう。眺望にこだわった車両だということがよく分かります。座席は2人掛けのクロスシートが大半で、中央の8席は窓側を向いています。ここに座ると、まるでラウンジカーに乗った気分。こんなにすごい車両なのに、特別料金が要らないというのも驚きです。

ちなみに、「きらら」は2編成あり、1編成はオレンジ色、もう1編成は期間限定で青紅葉をイメージした黄緑色となっています。新緑の季節に訪れるのもおすすめですよ。

楕円型の前面にびっくりな観光列車「ひえい」

叡山電車には、「きらら」の他にもう一つ、ぜひ乗ってほしい車両があります。それは、2018年にデビューした観光列車「ひえい」です。

「きらら」の車内。「もみじのトンネル」は夜間にライトアップされ、こんな幻想的な風景が見られます。

まずは前面にご注目。「比叡山」と「鞍馬山」の持つ荘厳で神聖な空気感や歴史、大地の気やパワーなどを表現したという、大きな楕円と上下2つのライトがめちゃくちゃ目立ちます。僕が「ひえい」に乗った時も、多くの観光客が車両の前面をスマホで撮っていました。

「ひえい」は「きらら」とは異なり、30年ほど前に製造された車両の改造車です。車内はロングシートですが、1人あたりの幅がとても広く、その特徴的な形と相まって、まるで宇宙船の中のよう。改造車だとは思えません。

ふだんは鞍馬方面に向かう「きらら」とは対照的に、「ひえい」は出町柳〜八瀬比叡山口で運行。そこから叡山ケーブルとロープウェイを使って比叡山頂に行けるのですが、ロープウェイとの乗換駅であるケーブル比叡駅の近くには、京都の市街地を一望できるビュースポットがあります。天気がよければあべのハルカスが見られるほどの絶景なので、京都観光の際はぜひ訪れてみてください。

こちらは2018年にデビューした観光列車「ひえい」。奇抜なデザインですが、実際に見るととてもカッコイイんです。

24

近鉄特急の"ナンバーワン・トイレ"

バラエティ豊かな車両はトイレにも気づかいが

日本最大の私鉄・近鉄

ＪＲグループを除いて、日本で最も路線が長い鉄道会社が、「近鉄」こと近畿日本鉄道です。その長さは５００㎞を超え、路線網は大阪・京都・奈良といった近畿地方だけでなく名古屋や伊勢志摩にも到達。日常の足はもちろん、観光にも欠かせない存在です。

そんな近鉄の路線を走り回っているのが、ＪＲ顔負けの専用車両で運行される特急列車。大阪～名古屋間の通称「名阪特急」では、最新型の特急車両「ひのとり」やベテラン選手の「アーバンライナー」が走っており、他にも2階建て車両の「ビスタＥＸ」や吉野へ向

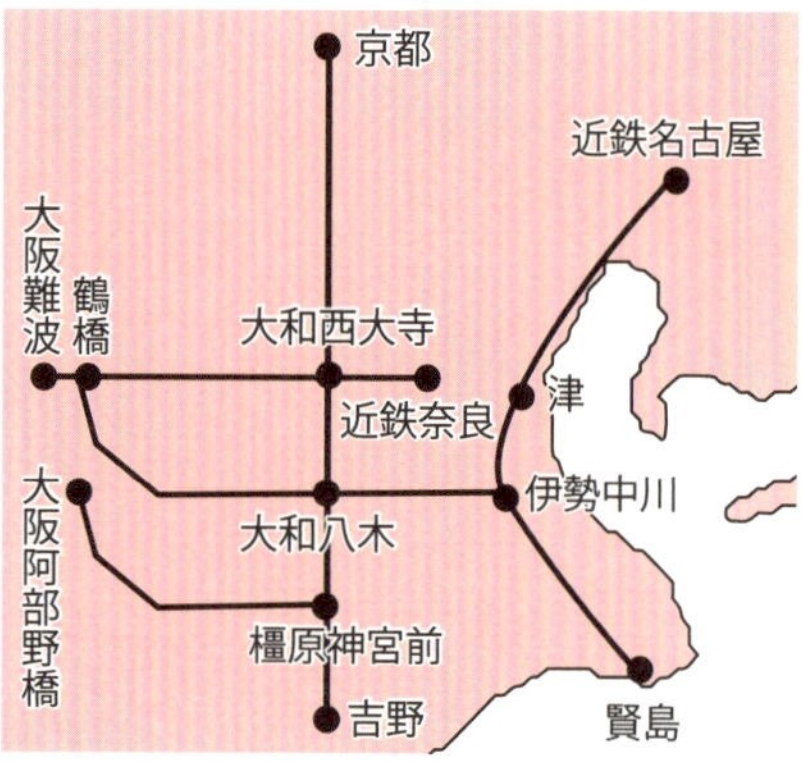

近鉄が大阪～名古屋間で運転する「名阪特急」のニューフェイス、「ひのとり」。先頭車は高床構造で、ＪＲのグランクラスに勝るとも劣らない豪華なシートが並んでいます。

かう「さくらライナー」など、バラエティ豊かです。さらに、「しまかぜ」や「青の交響曲《シンフォニー》」、「あをによし」といった観光特急もあり、まさに〝日本一のラインナップ〟といっていいでしょう。マッサージ機能があったり、まるで応接室のソファみたいだったりと、座席も特徴的ですので、ぜひ乗り比べていただきたいところです。

近鉄特急の中で最も快適なトイレは!?

ところで、近鉄特急は長い距離を走る列車が多く、乗車時間もかなりのものとなります。大阪難波駅から近鉄名古屋駅までは2時間強、賢島《かしこじま》駅までは約2時間30分。これだけ長いと車内のトイレを使う人も多いはずですが、そこでもしトイレが汚かったら、がっかりしますよね。

その点、近鉄特急は昔からトイレにめちゃくちゃこだわっていると僕は感じています。たとえば、大阪万博の前年、1969年にデビューし、2021年に引退した12200系は、当時まだ珍しかった洋式トイレを採用しました。これは、万博に来た外国人観光客が伊勢志摩へ観光で向かうことを考えたからといわれています。また、「アーバンライナー」の一部は便座のビニールカバーをワンタッチで交換できる装置を導入するなど、かなり先進的でした。

そんな話をふと思い出したある日、僕の頭の中に「今の近鉄特急で、もっとも快適なトイレはどの車両なんだろうか?」という疑問が浮かびました。そこで、実際に乗車して体験したのが、2019年に公開した「近鉄特急No.1トイレ決定戦!」という動画です。

内容が内容なだけに、詳細な解説はここでは控えますが（笑）、僕が選んだ第1位は観光特急「青の交響曲」の男性用小トイレ。配置が工夫されているほか、デザインもなかなかかっこよくて、自信をもっておすすめできます。

また、バリアフリートイレにはかゆい所に手が届く設備もありました。大阪難波、京都、名古屋の3エリアから伊勢志摩へ向かう観光特急「しまかぜ」のバリアフリートイレには、着替えの際などに便利なチェンジングボードがあります。これは、伊勢神宮に正装でお参りしたいという乗客のニーズをくみとったもの。ここまでニーズをちゃんと把握している近鉄特急は改めてすごい！と、トイレを見て実感しました。「いざ」という時に頼りになる、列車内のトイレ。そこに隠された気遣いやこだわりを、皆さんも探してみてください。

伊勢志摩に向かう観光特急「しまかぜ」。そのバリアフリートイレには着替えに便利な設備があります。

吉野に向かう観光特急「青の交響曲」。その車内のトイレはデザイン性も抜群で、とても快適に使えました。

Chapter 4 近畿

25

サロンカーなにわ

天皇陛下もご乗車されたジョイフルトレインのレジェンド

旅を楽しむ「ジョイフルトレイン」の元祖

皆さんは「ジョイフルトレイン」という言葉を知っているでしょうか？

「ジョイフルトレイン」は、1980年代から2000年代にかけて全国で登場した車両です。当時、国鉄やJRは団体旅行などに鉄道を使ってもらおうと、床を畳敷きと掘りごたつを備えたお座敷車両や、カーペット敷きでソファなどを置いた欧風車両を次々と導入しました。カラオケ機器や麻雀テーブルを搭載したり、最後部に展望スペースを備えたりと、どれも趣向を凝らした内装が特徴。なかには天井にミラーボールや照明機器を設置し、

ＪＲ西日本の「サロンカーなにわ」。現在も残る唯一の、国鉄時代に改造されたジョイフルトレインです。最後部はガラス張りの展望スペースで、流れゆく景色を楽しめます。

ディスコとして使える車両もありました。

ジョイフルトレインとは、楽しみ(Joy)がフルに詰まった列車、という意味なんです。

21世紀になると、こうした団体旅行は徐々に減少。代わって、少人数で乗車でき、車内で食事やイベントを楽しむ観光列車が増えていきました。それにつれてジョイフルトレインも廃車が進み、現在ではほとんど残っていません。

そんななか、ＪＲ西日本にはジョイフルトレインの元祖ともいえる車両が今なお現役で残っています。それは、「サロンカーなにわ」。国鉄時代の１９８３年に登場した車両で、床にはカーペットが敷かれ、ゆったりとしたリクライニングシートが設置されています。この座席は１人掛けと２人掛けがあり、回転させて６人で向かい合うことが可能。間にテーブルも置ける仕組みです。

そして、「サロンカーなにわ」の最大の特徴は、７両編成の両端部分。ガラス張りの展望スペースになっていて、ソファに座りながら流れゆく景色をゆっくりと楽しむことができます。若干レトロなデザインで、夜になるとオレンジ色の照明が灯って、とてもムーディーなんです。

あこがれだった列車に乗れた時のこと

「サロンカーなにわ」は、旅行会社が主催するツアーなどで時々使われるだけで、めったに走りません。僕も「いつか乗りたい」とずっと思っていたのですが、幸運にも２０２０年に城崎温泉へ行くツアーで乗車することができました。

当日、大阪駅のホームでワクワクしながら待っていると、赤いディーゼル機関車に牽引された「サロンカーなにわ」がやってきました。濃い緑色と黄色に塗り分けられたボディが、特別感を醸し出しています。さっそく乗り込み、靴を脱いでカーペット敷きの室内へ。「靴を履かずに車内を移動する」という感覚が新鮮でした。自宅のリビングのような仕切り扉や、壁にはめ込まれたステンドグラスも、「お金持ちの友人の洋館に遊びに来た雰囲気」が出ていました。いや、そんな経験はないんですが（笑）。

そして、憧れだった展望スペースへ。どっしりとしたソファがあり、まるで会社の重役室、あるいはホテルのラウンジが走っているようです。このソファにはなんと、今の上皇陛下も天皇陛下だった時に座られたことがあるそう。そんなすごい車両に乗れたというのは感無量で、あっという間に時間が過ぎていきました。

最近は引退のうわさもちらほら出ている「サロンカーなにわ」。その前に自分自身で貸し切って、もう一度乗りたいなあ……と夢見ています。

「サロンカーなにわ」の展望スペースの車内。とても鉄道車両の中とは思えない内装です。

26

水間鉄道の運転体験

憧れの運転士になれた思い出の場所

●元・東急の車両が走る大阪のミニ私鉄

鉄道ファンなら誰しもが、運転士になりたい！と一度は憧れるもの。僕も運転士を夢見て、小学校の卒業アルバムに「運転士になりたい」と書きました。自宅でも、よくテレビゲームの『電車でGO！』で遊んでいて、その度に運転士への憧れが強くなっていったのを覚えています。

その後、僕はご存知の通りYouTuberとなったわけで、運転士という仕事を選ぶことはありませんでしたが、最近は運転士の仕事を体験できる鉄道会社が、全国にいくつ

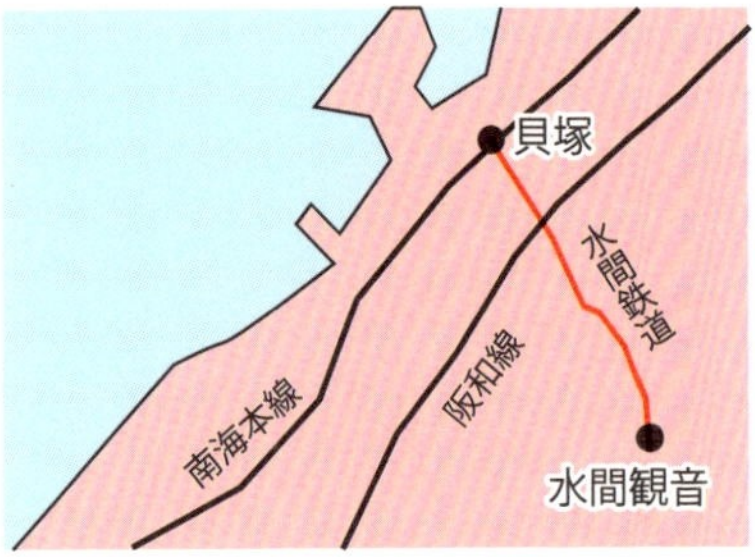

大阪府南部を走る水間鉄道。ちなみに同鉄道では列車の貸切運行やオリジナルヘッドマークの掲出なども可能で、僕も何度か利用したことがあります。

もあります。

大阪市南部を走る水間鉄道もそのひとつ。関西に住んでいるということもあり、２０２１年にここで運転体験にチャレンジしました。

水間鉄道は南海本線との乗換駅である貝塚駅と水間観音駅を結ぶ、全長５．５㎞のミニ私鉄です。終着駅の水間観音駅は、三重塔で知られる水間寺の最寄駅。駅舎もお寺をモチーフとしたデザインになっています。駅と駅の間は短いところでわずか400m、一番長いところでも1．1㎞で、周辺に住む人々が気軽に利用できます。

そんな路線を走るのは、東京の東急電鉄からやってきた車両。四角い顔をしたステンレス車両で、関西で見られる唯一の元東急車として人気を集めています。

運転体験にいよいよチャレンジ！

ついに、運転体験の日。僕の夢の一つが叶うと思うと、ワクワクが止まりませんでした。

運転前にまず講義用の資料が配られ、これを基に現役の運転士さんが「先生」として、運転操作の方法などを教えてくれます。資料や説明はとても分かりやすく、鉄道にそれほど詳しくない人でも安心。鉄道マニアの僕も勉強になりました。

講義が終わり、いよいよ運転体験にチャレンジ。本物の運転士さんと同じように白手袋をして、運転席に座ります。左手は自動車のアクセルに相当するマスコンハンドルに、右手はブレーキハンドルに。まずはブレーキを少し緩め、発車に備えます。「プシュー」という音が聞こえ、緊張とワクワクはマックスです。

先生と一緒に「出発よし！」と声を出し、改めてブレーキを緩めてからマスコンを動かすと、電車がゆっくりと動きました。まさに感動の瞬間！……ですが、ここで大切なのは、

僕の夢が叶った瞬間。大きな電車を自分の手で動かすというのは、何ものにも代え難い感動の体験でした。鉄道に興味がない人も、ぜひ体験してみてほしい！
YouTube動画「【アクシデント発生】鉄オタが本物の電車を運転した結果…」より

マスコンハンドルから手を離さないこと。ハンドル上部の黒いスイッチから手が離れると、安全装置が働き、電車が停まってしまうんです。

無事に発車したら、次は線路脇にある「×」印を目標にして、電車を停めます。マスコンハンドルを元の位置に戻し、ゆっくりとブレーキハンドルを操作。ブレーキの強さを調整し、車両を停止位置にうまく合わせます。僕の結果は、目標と15㎝差。先生からお褒めの言葉を頂きましたが、たった数分の運転体験にもかかわらず、緊張しっぱなしでした。

こうして「運転体験デビュー」を果たした僕が、次にチャレンジしたいのは新幹線……ですが、残念ながら新幹線の運転体験は行われていません。他には、ディーゼル機関車のDD51形も運転してみたいと思っていて、機会をうかがっています。

ただし、運転体験は人気があるので、募集が始まってもすぐに埋まってしまうことが多い“難関”。皆さんも、早めの予約をおすすめします。

27

伊丹空港に向かう飛行機から見える鉄道

空から見る鉄道もなかなかオツなものです

●都会のど真ん中を通って伊丹空港へ！

僕は鉄道だけではなく、飛行機もよく利用します。着陸の際、飛行機から見える都会の風景は本当に新鮮ですよね。普段見慣れた光景であっても、上から眺めると意外な発見があったりします。

ところで、都会の空港を発着する飛行機は、必ずしも市街地の上空を飛ぶとは限りません。たとえば羽田空港に着陸する飛行機の場合、新宿付近を通るルートを使うのは15時から19時までの4時間ほど。しかも、北風の影響を受ける時は東京湾側から着陸するため、

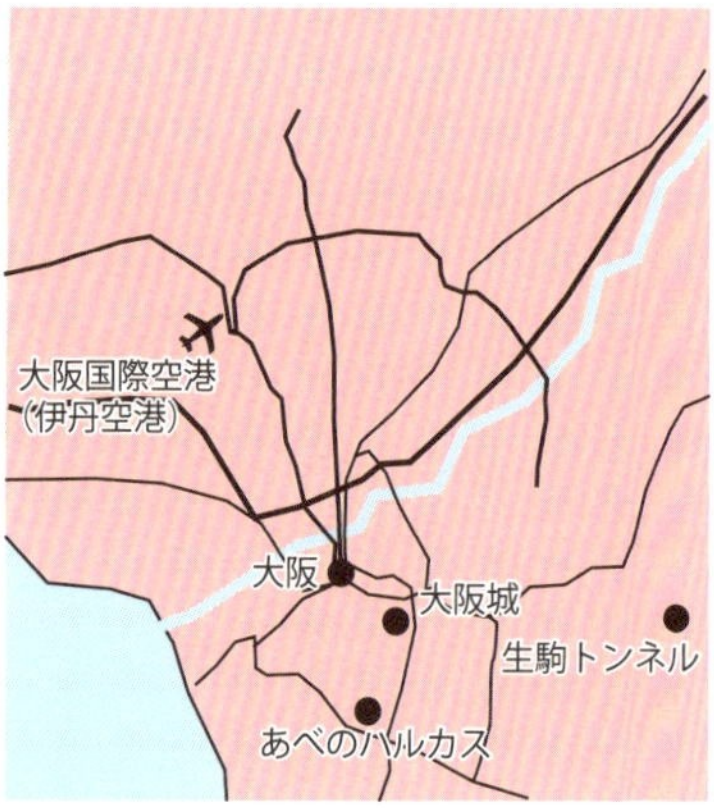

生駒山地の端に沿うようにして走る近鉄奈良線。列車からも大阪平野を一望することができますが、飛行機はこの近くを通過し、線路も含めて眺めることができます。

都心の上空は通りません。飛行機からの東京ウォッチングは意外と難しいのです。

一方、大阪国際空港（伊丹空港）に着陸する場合は、大阪のど真ん中を通るルートが一般的。羽田空港のように、通過時刻によって変わることはありません。そのため、伊丹空港行きに搭乗すると、かなりの高確率で大阪ウォッチングをすることができます。というわけで、ここからは伊丹空港への着陸で楽しめる“大阪観光遊覧ルート”をご紹介しましょう。

鉄道好きが案内する"大阪観光遊覧ルート"

伊丹空港に着陸する飛行機は、出発地がどこであっても、まずは生駒山地《いこまさんち》にアプローチ。その後、大阪市の上空を突っ切り、一直線に伊丹空港を目指します。上空から見ていると、生駒山地が大阪と奈良の間に壁のように存在していることがよく分かります。

そんな南北に広がる生駒山地と直交するように進む鉄道が見えてきました。1914年に開通した、110年の歴史を持つ近鉄奈良線です。生駒山地を貫く生駒トンネルは、1964年に新しいトンネルとなりましたが、新旧ともにかなりの難工事だったそう。生駒山と近鉄奈良線を見るたびに、そのエピソードを思い出します。

やがて、左側にひときわ目立つビルが近づいてきました。近鉄の大阪阿部野橋駅にある駅ビル「あべのハルカス」です。高さは300mで、2023年に東京の「麻布台ヒルズ森JPタワー」に抜かれましたが、それまでは国内第1位の高さを誇るビルでした。

もう少しすると大阪城が眼下に見えますが、鉄道好きならその手前に注目したいところ。森之宮エリアには、JR西日本と大阪メトロの車庫があります。この周辺では再開発事業が進んでおり、大阪メトロの車庫の横には新駅も誕生予定。数年後には様変わりしていることでしょう。

淀川を渡ると、新大阪駅が見えてきました。電車に乗っていると、川と駅との位置関係が分かりづらいこともありますが、上空から見ると一目瞭然です。タイミングが良ければ、鉄橋を渡る列車が見えるかもしれません。飛行機はそのまま阪急宝塚線に沿って高度を下げ、大阪モノレールを横目に、伊丹空港へ着陸。大阪観光遊覧ルートは終了となります。

夜になると街の明かりがまるで光るじゅうたんのように広がり、道頓堀のライトアップも見えて、本当にきれいです。鉄道ファンの皆さんも、たまには空から大阪市内の風景を楽しんでみてはいかがですか？

121 ページの写真とほぼ同じ位置から大阪平野を見た様子。中央に見える 2 本の光の帯は阪神高速道路で、その間を近鉄けいはんな線が通っています。

飛行機からだと
まるでジオラマの
ような風景が！

28

特急「くろしお」

個性的な車両に乗って
パンダが棲む南紀白浜へ

●イルカのような顔の「オーシャンアロー」

特急「くろしお」は、京都・新大阪〜白浜・新宮間などで運行されている列車です。JR西日本を代表する特急の一つであり、使用される車両もバラエティー豊富。その中で僕が一番お気に入りなのは、283系です。かつて家族旅行で白浜へ行った時も、どうしても283系に乗りたいと思い、旅行のスケジュールをそのダイヤに合わせてもらいました。

283系の特徴は、なんといってもイルカのような顔。運転席との仕切りはガラス張りで、「くろしお」で唯一、前面展望が楽しめる車両です。デビューは1996年ですが、

「くろしお」で使われている283系。涙形をしたライトやくちばしのような先頭部など、まさにイルカです。運転席のすぐ後ろが客室で、前面展望も楽しめます。

まったく古さを感じさせません。車両には「オーシャンアロー」という愛称が付けられており、一時は列車名もその名前でしたが、2012年から「くろしお」に統一されています。

この283系は、カーブが多い紀勢本線を高速で走れるよう、カーブを通過する際に車体が傾く「振り子式」を採用していました。振り子式といえば、先日まで特急「やくも」で使われていた381系が有名ですが、こちらはカーブで急に車体が傾くため、乗り物酔いしやすいという欠点がありました。283系はスムーズに車体が傾く仕組みとなり、乗り心地が向上。ただ、現在は振り子機能を使わずに走っています。また、車内にはフリースペースがあり、海側を向いた座席から雄大な景色を眺められるのも特徴です。

ちなみに、「くろしお」で太平洋の絶景を存分に楽しめるのは、切目駅から先の区間。新宮方面行きに乗る際は、進行方向右側の席がおすすめです。夏の晴れている日だと、目の前にはエメラルドグリーンの太平洋が広がり、まるで〝見る海水浴〟。泳ぎたいなあ……と思いながら、いつも眺めています。

パンダ好きにはたまらない「パンダくろしお」

さて、南紀白浜にある観光スポットといえば、1600頭もの動物が暮らすアドベンチャーワールドを忘れてはいけません。ここの一番の目玉は、ジャイアントパンダの大家族。パンダ好きにとっては、まさに〝聖地〟です。

そして、ここへ向かうなら「パンダくろしお」がおすすめ。前面はパンダの顔となっていて、車体にラッピングが施されているほか、車内の扉部分や座席の枕カバーなどにもパンダが描かれるなど、まさに〝パンダづくし〟です。「パンダくろしお」は3編成あり、

「くろしお」が走る紀勢本線は海に沿って走る区間も多く、こんな絶景にも出会えます。

最後に登場した1本は前面にかわいい子どもパンダが。見かけたら思わず写真を撮ってしまうこと、間違いありません。「パンダくろしお」も先ほど紹介した283系も、JR西日本のホームページなどで充当されるダイヤが公開されていますので、「くろしお」に乗車する時はぜひチェックしてください。

チェックといえば、このエリアは新鮮な海の幸も要チェックです。僕が印象に残っているのは、クジラカツとカツオのお茶漬け。こちらも探してみてくださいね。

あちこちにパンダや動物が描かれた「パンダくろしお」。目が光るのもポイントです。

唯一無二のキュートなパンダに乗って旅を楽しみましょう！

COLUMN 4

僕が飛行機を活用する理由

YouTube 動画「【東京→大阪】格安航空って実際どう？LCC ジェットスターで移動してみた！」より

若者の特権・格安運賃をフル活用
早く移動して現地で時間を使う

僕は取材や旅行の際、飛行機を時々使います。飛行機でなければ行けない、あるいは大幅に時間がかかってしまう場所は当然ですが、そうでない時でも使う理由は、ずばり「節約」です。というのも、日本航空では「スカイメイト」、全日空では「スマートU 25」といった若者向けの運賃割引制度があり、25 歳以下だと通常運賃の半額以下、便によっては 7 割引き以上で当日に空席がある便に乗ることができるのです。26 歳になるまでは、これを活用しない手はありません。

そして、飛行機を使うことで節約できるのはお金だけでなく、時間も同様です。浮いた分だけ滞在時間が延び、より多くの列車に乗ったり街の楽しさを掘り起こしたりすることが可能。美味しいものを食べ、鉄道会社のグッズやおみやげを購入することで、経済にも貢献できます。

もっとも、僕が住む大阪は鉄道での移動が便利なので、そこそこ遠い場所でも鉄道に乗ることが多いです。目安としては、九州だと宮崎以外はほぼ鉄道。東側は新潟や仙台あたりから、飛行機での移動を検討するという感じです。

Chapter

5

中国・四国

いまや日本唯一となった定期夜行列車や、2024年に大きな話題となったあの特急列車が走る中国地方。個性的な車両やキャラがいる四国の鉄道。さらに、関西人が大好きな○○の旅など、さまざまな「オンリーワン」を詰め込みました。

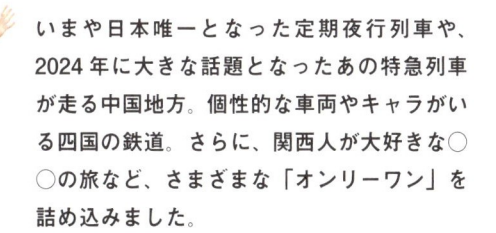

サンライズ瀬戸・出雲

寝台列車の旅を今なお気軽に楽しめる列車

日本で唯一となった定期寝台列車

皆さんは、夜行列車に乗ったことがあるでしょうか。

昭和の時代は東京駅から九州に向かう「あさかぜ」や「さくら」、上野駅から東北を目指した「はくつる」や「ゆうづる」など、夜行列車が大活躍していました。当時、新幹線はそれほど延びておらず、また飛行機は今よりもずっと運賃が高く、気軽に利用できる交通手段ではありませんでした。そのため、長距離移動は夜行列車が最適だったのです。

僕は幼いころ姫路に住んでいたので、姫路駅のホームで父と一緒に夜行列車をよく見学

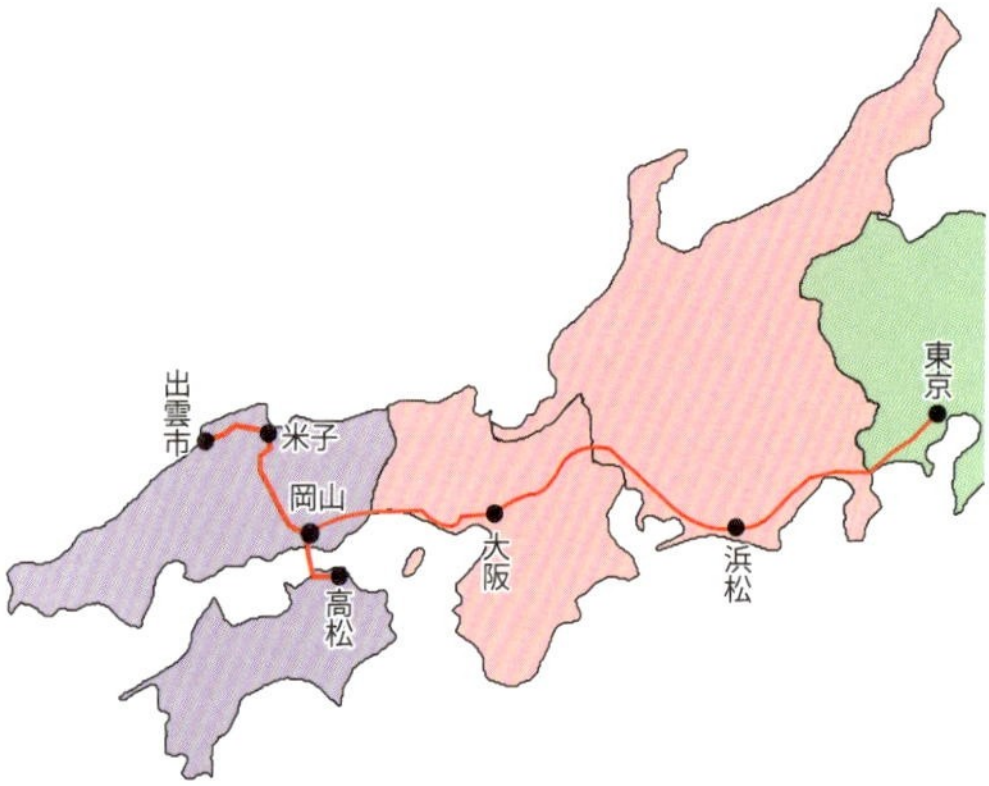

「サンライズ出雲」。車両は「サンライズ瀬戸」と共通で、東京〜岡山間は併結して走ります。かつての寝台列車とは違い、夜明けをイメージしたベージュと赤の塗装が特徴です。

したものです。関西と九州を結んだ「なは・あかつき」、東京〜大分・熊本間の「富士・はやぶさ」を見ただけでも、テンションは最高潮。ベッドに寝ながら旅ができる夜行列車にいつか乗りたいとずっと思っていました。その夢が叶ったのは、小学校1年生の時。普段は寝ている時間に駅そばを食べてから憧れのブルートレインに乗るという、夢のような時間を楽しみました。

やがて、新幹線の開業や高速バスの普及に

より、毎日走る夜行列車は「サンライズ瀬戸・出雲」だけに。その役割も、移動手段というより「旅を楽しむ」という意味合いが強くなっています。

●「走るビジネスホテル」の車内と車窓

「サンライズ瀬戸・出雲」は、それぞれ7両編成。東京〜岡山間は併結して走り、岡山駅で分割されて高松駅と出雲市駅に向かいます。7両中6両が個室で、最も豪華なA寝台個室「シングルデラックス」には机や椅子、洗面台もあり、まさしく"走るビジネスホテル"です。また、少しリーズナブルなB寝台個室は2人用の「サンライズツイン」と1・2人用の「シングルツイン」、1人用の「シングル」・「ソロ」の4種類。このうち、「シングルツイン」は2段ベッドで、かつてのB寝台のようです。個室でない1両はカーペットが敷かれた「ノビノビ座席」で、寝台料金は不要ながらゴロンと横になることができます。

車内にミニラウンジやシャワーがあるのもうれしいポイント。ミニラウンジは窓方向に座席が配置されているので、駅弁を食べながら車窓が楽しめます。また、シャワーは自販機からシャワーカードを購入することで利用可能。枚数に限りがあるので、早めの購入がおすすめです。ちなみに、A寝台の乗客は専用のシャワー室があります。

そんな非日常空間で過ごす「サンライズ」の旅は、見慣れた都会の景色ですら違って見えることでしょう。列車に揺られながら眠りにおち、名前の通り車内で日の出を迎えるというのも、貴重な体験です。東京から「サンライズ瀬戸」に乗ったら、絶対にチェックしたいのが瀬戸大橋。通過時刻は朝7時ごろで、冬であれば朝日でキラキラと輝く瀬戸内海に感動するはずです。一方、「サンライズ出雲」は鳥取県の名峰、大山がハイライト。標高1729mの美しい姿は「伯耆富士」とも呼ばれ、旅の最後でテンションを上げてくれます。

瀬戸大橋を渡る「サンライズ瀬戸」。ゴロンと横になりながら眺める瀬戸内海は、普段と違って見えることでしょう。

A寝台個室「シングルデラックス」の室内。2階部分にあり、ベッドとは別に椅子とテーブルが用意されています。

鳥取カニ旅行

関西人はカニが好き!?
カッコいい特急で鳥取へ

●超高速な「スーパーはくと」が鳥取に直通

冬になると、関西のJRの駅では「かにカニ日帰りエクスプレス」のポスターをよく見かけます。「かにカニ日帰りエクスプレス」とは、往復のJRのきっぷと旅館などでのカニ料理が一緒になったおトクな商品。関西では、昔から「冬になったらカニを食べに山陰や北陸へ行く」という人が多いんです。鳥鐵旅《とりてつたび》アンバサダーを務めていたということもあり、僕のおすすめはやっぱり鳥取です。

大阪から鳥取へは、特急「スーパーはくと」が直通しています。「スーパーはくと」は

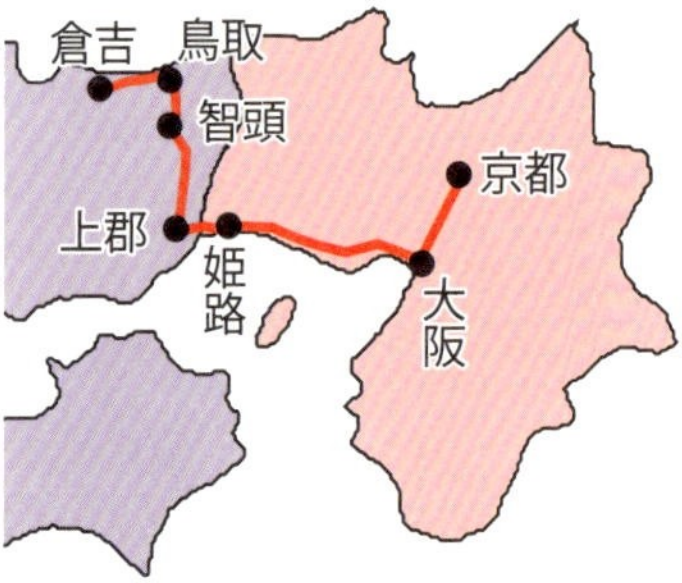

大阪と鳥取を結ぶ特急「スーパーはくと」。智頭急行が所有するHOT7000系が使われています。気動車ながら高出力エンジンや振り子機能を搭載し、在来線では国内最速レベルの走りを見せます。

途中の上郡駅までJRの東海道・山陽本線をひたすら西に走り、そこから第三セクターの智頭《ちず》急行に乗り入れ、さらに智頭駅からはJR因美線に乗り入れるという列車です。

「スーパーはくと」に使われている車両は、智頭急行のHOT7000系です。「HOT」というのは、智頭急行が走る3県、兵庫・岡山・鳥取の頭文字をとったもの。ステンレス車体に青と白の塗り分けがカッコいい列車で、現在は一部が「スーパーはく

と名探偵コナン号」となっています。これは、漫画・アニメ作品『名探偵コナン』の作者、青山剛昌さんが鳥取県出身であることにちなんでいて、車内のいたるところにコナンの装飾がされています。

大阪〜鳥取間は約2時間30分。大阪駅を出発すると、複々線区間の東海道・山陽本線を最高時速130㎞で快走します。先頭に座ると、次々と普通列車を追い抜くシーンが見られ、気分爽快です。上郡駅からは智頭急行へ。智頭急行は、関西と鳥取を結ぶ短絡路線として1994年に開通し、同時に「スーパーはくと」もデビューしました。智頭急行の開業前、大阪駅から鳥取駅へ向かおうとすると、姫路駅から播但《ばんたん》線に入る特急「はまかぜ」が一般的でした。「はまかぜ」だと、大阪〜鳥取間の所要時間は約4時間。「スーパーはくと」より1時間30分も遅く、智頭急行のありがたみがよく分かります。

智頭急行線内は単線非電化ですが、新幹線のような高架線を最高時速130㎞で突っ走ります。全体の半分近くはトンネルで、「山にぶつかったら、とりあえずトンネル」といった感じ。HOT7000系は車体を傾けてカーブを高速で通過できる「振り子式」を採用しているほか、途中駅は「一線スルー構造」といって、スピードを落とすことなく通過できるようになっています。

●カニ料理と温泉を満喫

鳥取駅で降りたら、歩いて10分くらいのところにある鳥取温泉の旅館へ。いよいよカニ料理のお出ましです。このために昼食を抜きにしていたこともあって、お腹はペコペコ、テンションはマックス！　カニはもちろん、カンパチなど他の魚介類もめちゃくちゃおいしかったです。

カニ料理を楽しんだ後は、もう一つの楽しみである露天風呂へ。ヌルヌルとした泉質のお湯は、まさしく〝入る化粧水〟でした。先に書いたとおり、僕は温泉も好きなので、カニと温泉が楽しめて大満足。鳥取の冬を満喫した旅行になりました。

広々とした「スーパーはくと」の運転席。先頭の座席に座ると、このように前面展望が楽しめます。

カッコいい列車に
カニと温泉まで
楽しめますよ！

Chapter 5 中国・四国

伯備《はくび》線の特急列車

新型特急に加えて
魅力的な夜行列車も

●もう酔わない！　273系「やくも」

2024年4月6日、岡山と出雲市を結ぶ特急「やくも」に、待望の新型車両・273系が投入されました。「やくも」に新車が導入されるのは、これまで活躍してきた〝先輩〟の381系以来、約40年ぶりです。

僕が初めて273系と出会ったのは、デビュー前に行われた試乗会の時でした。出雲市駅で見た「やくもブロンズ」色は、想像していたよりずっとカッコいい色合いで、思わず大興奮。当日はあいにくの雨でしたが、もし晴れていたら太陽の光がいい具合に反射し、

2024年4月にデビューした273系「やくも」。JR西日本の特急用車両は白をベースとした塗装が多いのですが、この車両はブロンズ色のメタリック塗装をまとっています。

もっとカッコよくなっていたに違いありません。

まずは普通車に乗って、びっくりしたのは普通席にも枕が付いていること。ひょっとしてここはグリーン車なんじゃないか?と何回も確認しました。グリーン車はシートの幅も大きく、ゆったりとした造り。さらに、新たに導入された「セミコンパートメント」は、座面を引き出してフラットにすることもできるなど、これまでと一味違う旅が楽しめます。

やがて列車は松江駅を発車。381系と比べて、乗り心地が大幅に改善されています。カーブが多いJR伯備線を高速で通過できるよう、273系と381系は両方とも、カーブ通過時に車体が傾く「振り子式」を採用していますが、実はその方式が少し違うのです。381系が採用する「自然振り子式」はカーブに入ってから車体が傾くため動きが大きく、乗り物酔いしやすいという欠点がありました。一方、273系はカーブの位置を記憶しておき、スムーズに車体を傾ける「車上型制御付き自然振り子方式」を採用しています。

試乗会でも、多くの人が「乗り心地が格段に良くなった！」と絶賛していた、273系の新型「やくも」。山陰への旅行がより快適になったことは間違いないでしょう。

伯備線を走る〝夜行列車Ver2.0

そんな伯備線には、日本で貴重な存在となった定期夜行列車「サンライズ出雲」が走っていますが、これ以外にもう一つ、夜行列車を見ることができます。「WEST EXPRESS 銀河」（以下「WE銀河」）がそれ。この列車は臨時列車で、シーズンごとに走る区間が変わるのですが、伯備線がそのうちの一つとなっているのです。

「WE銀河」の魅力は、その座席のバリエーション。リクライニングシートからグリーン

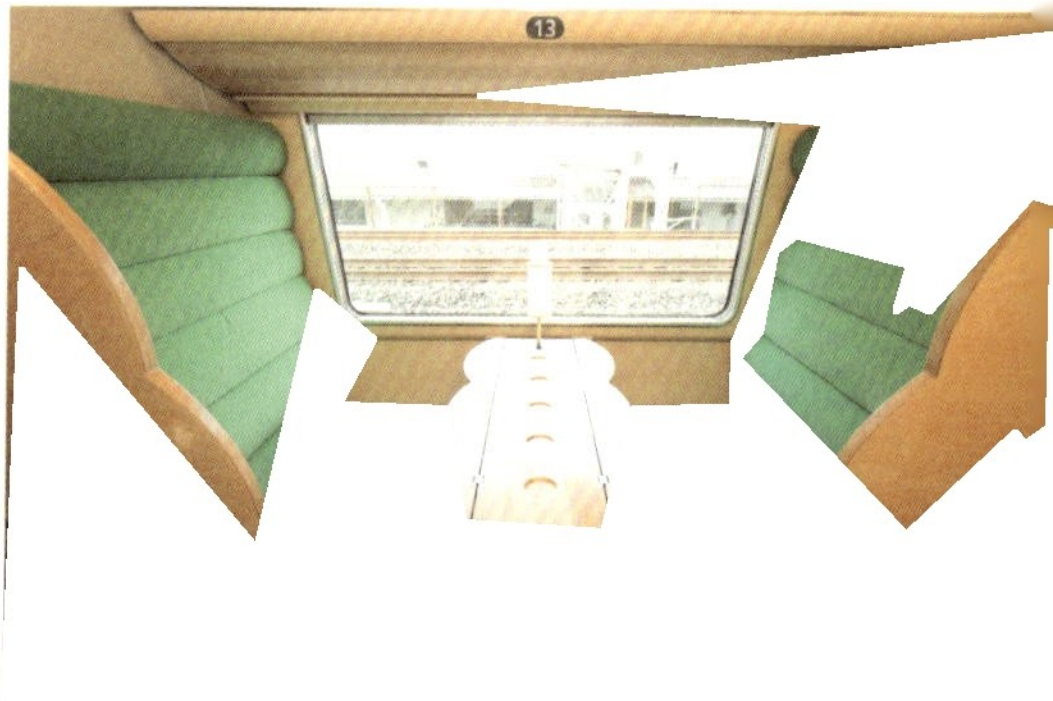

273系に設けられた「セミコンパートメント」。このように座面部分を引き出してフラットにすることができます。

個室「プレミアルーム」まで5種類の座席があります。僕が好きなのは「クシェット」と呼ばれる普通車指定席。「普通車指定席」といっても、単なる座席ではありません。1区画に2段ベッドが2つあり、まるで昔の夜行列車のB寝台のよう。通路も間接照明となっていて、夜行列車のムードが高まります。フリースペースも多く設けられており、乗客が思い思いのスタイルで旅を楽しむことが可能。「WE銀河」は現代版に進化した夜行列車、言い換えるなら「夜行列車Ver.2.0」といった感じがするのです。

このように、伯備線は単に山陽と山陰を結ぶ路線ではなく、個性豊かな車両が活躍するところでもあります。車窓も特徴的ですので、お気に入りの列車や設備を探しながら旅行するのもなかなか楽しいですよ。

山陰本線を走る「WEST EXPRESS 銀河」。かつて新快速用だった117系を改造して生まれた列車です。

「WE 銀河」の4号車に設けられたフリースペース。テーブルには囲碁や将棋の盤面が刻まれています。

山陽新幹線

東海道では味わえない車窓や車両がいっぱい

●意外と？ のんびりムードが楽しめる新幹線

山陽新幹線は東海道新幹線とつながっていますが、両者の雰囲気は全く異なります。

東海道新幹線はトンネルがそれほど多くなく、東京、横浜、名古屋、京都、大阪といった大都市圏を結んでいます。多くの区間で民家や道路が見られ、「見渡す限り山」という場所が少ないのも特徴です。

一方、山陽新幹線はとにかくトンネルが多い。新大阪駅を出発すると、ものの数分でトンネルに入りますし、隣の新神戸駅は前後をトンネルに挟まれています。また、東海道新

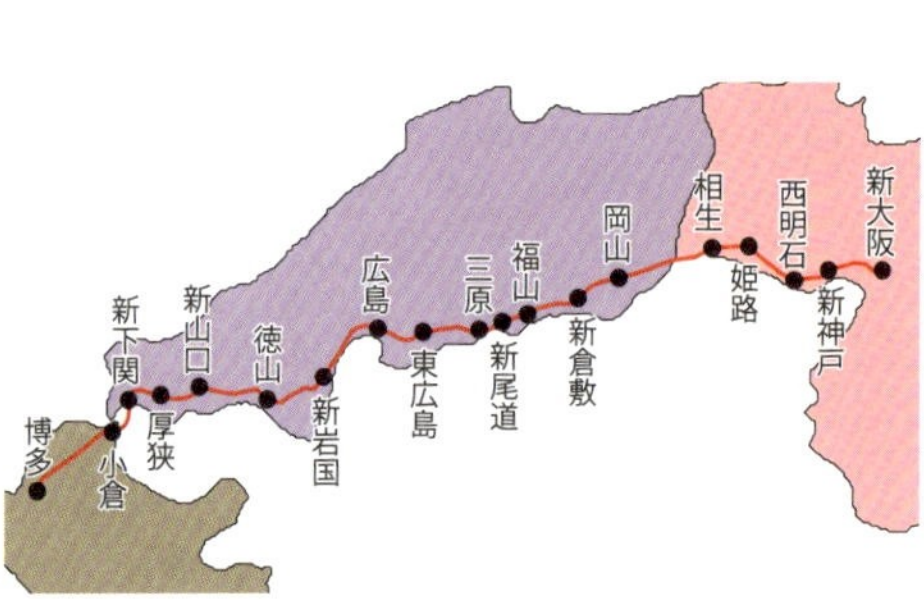

山陽新幹線区間を走る500系新幹線。戦闘機のような、いかにも速そうなスタイルが今も多くの人々を惹きつけます。京都鉄道博物館にトップナンバーが保存されています。

幹線よりも直線区間が多く、カーブで減速することも少ないため速度は速め。東海道新幹線の最高時速が285㎞なのに対し、山陽新幹線は最高時速300㎞となっていて、スピード感は山陽新幹線の方が勝ります。

　山陽新幹線は沿線に軒並みの連続する区間が少ないこともあり、車窓も車内ものんびりムード。特に、岡山駅より西はその印象を強く感じます。「のぞみ」が通過する駅はさらにローカルな雰囲気で、山口県にある厚狭《あさ》駅は、16両分のホームのうち6両分しか屋根がありません。

●平成のスターが山陽新幹線に集結

山陽新幹線は、運行されている車両も東海道新幹線とは大きく異なります。東海道新幹線ではすでに引退した車両が、山陽新幹線ではまだ現役で走っていて、鉄道好きにとってはたまりません。

なかでも一番人気なのが、両線で最も古い現役車両、500系です。500系は1997年に山陽新幹線でデビュー。日本初となる、最高時速300㎞での営業運転を実現した車両です。スピード感あふれる尖った車体は、幼い頃の僕の心をワクワクさせました。

僕が最近乗った500系は、特別仕様の「ハローキティ新幹線」でした。かわいらしいピンク色の車体もさることながら、鉛筆の芯のような、いかにも速そうなあのデザインに勝てる新幹線車両はないでしょう。先頭部の〝とんがり〟が長いため、先頭車の1番前には扉がなく、定員も他の車両より少なめ。車体が筒形になっているので、車内はまるで飛行機のような独特の雰囲気です。

この500系のもう一つの特徴は、6号車にあります。この車両はもともとグリーン車

700系のコンパートメント。大きなテーブルもあり、グループ旅行にぴったりです。

で、普通車となった今も座席がそのままなんです。つまり、グリーン券なしでグリーン車に乗れる、"乗り得な車両"というわけ。ぜひ、狙って乗ってみてください。

お次は、700系7000番代です。もともと「ひかりレールスター」として運行されていましたが、現在は「こだま」を中心に活躍を続けています。最大のセールスポイントは、8号車にある4人掛けのコンパートメント。今度、東海道新幹線にも個室が登場しますが、山陽新幹線は今でも個室があるんです。残念ながら個室は「ひかり」と一部の「こだま」でのみ利用可能。しかも、この700系を使う「ひかり」はごくわずかなので、レア度は高いです。カラーリングも独特で、子どもの頃に姫路駅で見た時のことは、今でも忘れられません。

このように、山陽新幹線は意外と?個性豊か。たまにはいろんな車両に乗りながら、山陽路を旅するのも楽しいのではないでしょうか。

山陽新幹線でしか乗れない車両がいっぱい！

瀬戸内海の車窓

海とスイーツが楽しめる2つの観光列車

「窓を閉めてください」と言われていた路線があった

瀬戸内海は太平洋や日本海とは違い、のんびりムードが漂う海です。列車の窓からも瀬戸内海を眺めることができ、兵庫県の明石海峡大橋や山口県の周防大島が旅行客を楽しませてくれます。

そんな瀬戸内海沿いを走る路線の一つが、三原駅と海田市駅を結ぶＪＲ呉線です。ＪＲ山陽本線の三原～海田市間が内陸部を通るのに対し、呉線は瀬戸内海沿いを走ります。線名にもなった呉は、軍港で有名になった町。軍部の要請により、呉と広島を結ぶことが呉

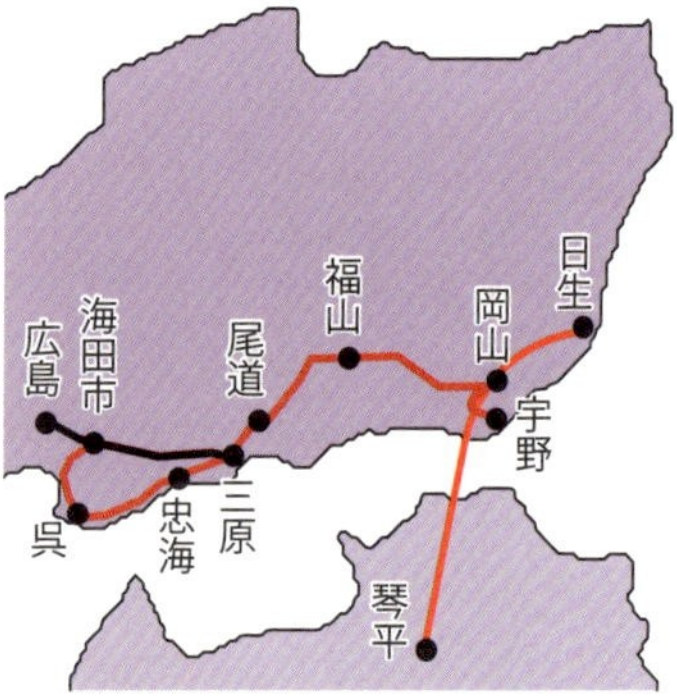

瀬戸内海沿いを走る「etSETOra」。呉線はあちこちで海のすぐ近くを通っており、特に三原〜忠海間はこのような景色が続いています。

線の最優先ミッションでした。

この呉線では、今では考えられないような指示が乗客に出されることがありました。それは、「窓のヨロイ戸を閉めろ」というもの。呉線の沿線には、軍にとって見せたくないものがいろいろとありました。たとえば、呉の市街地には港をはじめ軍の施設が多くあったことから、付近を通過する際にはヨロイ戸を閉め、車内から外が見えないようにしたそうです。

また、忠海駅の南にある大久野島は、昭和初期から終戦の少し前まで化学兵器の製造拠点となっていて、ひそかに毒ガスが作られていました。そのため、この島は地図から消され、「秘密の島」として存在していたのです。現在もその遺構が残っており、戦争の悲惨さを訴えると同時に、ウサギがたくさんいる「うさぎ島」としても知られています。

●瀬戸内海を楽しめる観光列車

そんな瀬戸内海の景色を楽しめる列車が、二つあります。

一つは「La Malle de Bois《ラ・マル・ド・ボア》」（以下「ラ・マル～」）です。この観光列車は岡山駅を拠点にしていて、日によって宇野、三原、日生、琴平へと運行。いずれも瀬戸内エリアへの観光の足として使えます。車内の床はフローリングで、窓を向いたカウンター席と2人掛けのリクライニングシートがずらり。車内販売カウンターもあり、地元産のドリンクやお土産が購入できます。そして、「ラ・マル～」の最大の特徴は、さまざまな乗り物と組み合わせられること。車内には自転車を積み込めるスペースがあり、降りた先の駅ですぐにサイクリングが楽しめます。三原から広島へ瀬戸内海を縦断する観光型高速クルーザー「SEA SPICA《シースピカ》」に乗り継ぐ旅もおすすめで、行きは「ラ・マル～」とクルーザー、帰りは呉線で帰るというプランもアリです。

もう一つの観光列車は、「etSETOra《エトセトラ》」です。こちらは広島～尾道間を呉線経由で走る列車。先ほど紹介した海沿いの風景を堪能することができます。船に見立てた丸窓がなかなかオシャレ。「ラ・マル～」もそうですが、この「etSETOra」も予約すれば車内でスイーツセットが提供され、地元の食材を使ったお菓子を味わいながら旅を楽しめます。

単純に列車で通り過ぎるだけではもったいない瀬戸内エリア。いろんな交通手段を使いながら観光名所を訪れると、変化に富んだ思い出深い旅になりますよ。

「etSETOra」の車内。瀬戸内海を眺められるよう、海側の席は窓を向いて設置されています。

岡山駅から各方面に運行される「La Malle de Bois」。「木製の旅行かばん」という意味で、外観にもカバンがあしらわれています。

ことでん

東京で活躍していた車両がバンバンやってくる!

●すごい頻度で電車がやってくる!

四国の玄関口、高松を拠点に頑張る地方私鉄が、高松琴平電気鉄道、通称「ことでん」です。ことでんはJR高松駅の近くにある高松築港駅から琴電琴平駅までの琴平線と、高松築港駅の2つ先にある瓦町駅から長尾駅に向かう長尾線、そして同じく瓦町駅から琴電志度駅に向かう志度線の、計3路線から成り立っています。

「地方私鉄」と聞くと、1時間に1～2本くらいのペースで列車がやってくる、のんびりとしたイメージを持つ方も多いのではないでしょうか。ところが、ことでんは違います。

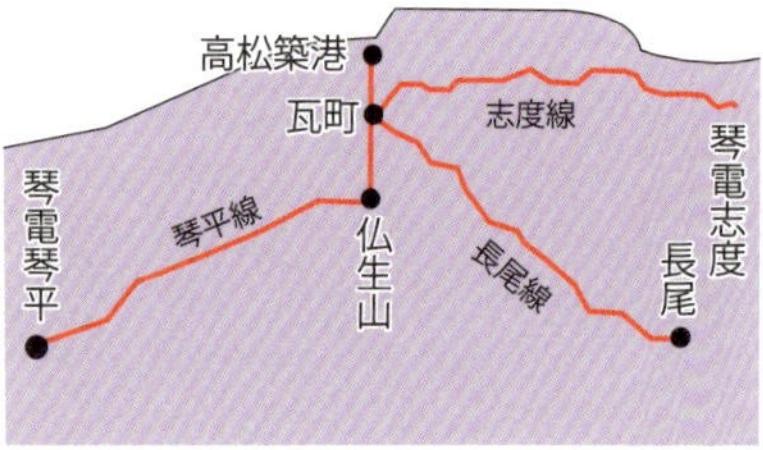

ことでんにはラッピング車両も数多く走っています。ちなみに、この車両はもともと京浜急行（京急）で走っていた車両。琴平線用は下半分が黄色、長尾線用は緑色となっています。

朝のラッシュ時間帯は、大都市なみに次々と電車がやってくるんです。

そんな忙しい地方私鉄を感じようと、僕は以前、朝ラッシュ時に高松築港駅の近くでことでんを観察したことがありました。高松築港駅には琴平線だけではなく、長尾線の電車も乗り入れています。2番線までしかない小ぢんまりとした駅なんですが、白色と黄色に塗り分けられた琴平線の電車が、まるでシャトルランみたいにひっきりなしに出たり入ったり。一方、白色と緑色を身にまとった長尾

線の電車は、琴平線と比べると、なんとなくのんびりしたペースです。

平日の高松築港駅の時刻表を見てみると、日中の琴平線は1時間あたり4本ですが、朝の8時台はその倍、8本もの電車が発車していました。ここに長尾線が3本加わって、高松築港駅を発着する列車は1時間あたり11本。地方私鉄だとトップクラスの列車本数で、ちょっとした都会のローカル線よりも多いんです。

さらに、ことでんは電車が個性的なことでも知られています。というのも、かつて京浜急行電鉄（京急）や京王電鉄、名古屋市営地下鉄で走っていた昭和の電車が今も活躍。朝ラッシュ時の琴平線は4両編成で運行されますが、元京急車と元京王車の連結も見られ、特に関東の鉄道ファンは大興奮すること間違いなしです。

Xでおなじみの公式キャラ「ことちゃん」

そんなことでんには、イルカをモチーフとした公式キャラクターの「ことちゃん」がいます。2002年に生まれたことちゃんは、香川らしく釜玉うどんが大好物。2011年には恋人の「ことみちゃん」と金刀比羅宮で結婚式を挙げ、今は娘の「ことのちゃん」と3頭で仲良く暮らしています。

Ｘ（旧Ｔｗｉｔｔｅｒ）のことちゃん公式アカウントを見ると、電車はもちろん、おすすめのレストランなどの沿線情報もチェックできます。なによりも、雰囲気がめちゃくちゃほのぼの。僕もこまめにチェックしながら、いつも癒されています。

最後に、僕が皆さんにぜひ訪れてほしいと思う駅を紹介しましょう。それは、仏生山《ぶっしょうざん》駅。隣にある車両工場には、大正時代に製造されたレトロ車両が残っていて、運が良ければホームから見られるんです。また、徒歩5分ほどのところには温泉があり、そこの入浴券とタオル引換券がセットになったフリーきっぷ「ことでんおんせん乗車入浴券」というのが売られています。面白いのが、このきっぷが「うちわ型」だという点。改札口でうちわを見せて列車に乗るという、なかなかユニークな体験ができますよ。

高松城の横を通る長尾線の列車。朝にここで立っていると、すごい頻度で列車がやってきます。

仏生山駅に隣接する車両工場には、こんなレトロ車両が。敷地内は立ち入り禁止ですが、ホームからも眺められます。

四国の"オンリーワン"な車両たち

「レールの上を走るバス」と「SLのようなディーゼルカー」

四国には、全国でここにしかない、そして皆さんにぜひ乗ってほしい、変わった列車が二つあります。

●「鉄道」+「バス」=「DMV」

一つめは、阿佐海岸鉄道のDMVです。DMVとは、「デュアル・モード・ビークル」の略。簡単にいうと、道路と線路の両方を走ることができる車両です。線路を走る時は鉄製の車輪で車体を支え、道路を走る時は車輪を収納してゴムタイヤだけで走行します。

2021年に運行を開始しましたが、DMVが本格的に営業運転を始めたのは、日本はお

阿佐海岸鉄道の DMV 車両。見た目はバスそのものですが、よく見ると車体の下に鉄の車輪が見え、レールに載っているのが分かります。車両は３両あり、それぞれ色が異なります。

ろか世界でも阿佐海岸鉄道が初といわれています。

阿佐海岸鉄道は徳島県海陽町の阿波海南文化村から、阿波海南駅、甲浦駅を経て、室戸岬方面へ向かう路線です。このうち阿波海南〜甲浦間は鉄道路線としてレール上を走行し、前後の区間はバスとして一般道を走ります。僕も実際に乗ってみましたが、車両自体は一般的なマイクロバスとほとんど変わりません。

ＪＲ阿波海南駅前のＤＭＶ乗り場から乗車すると、すぐ先でバスから鉄道へのモードチェンジが行われます。車内で阿波踊りのＢＧＭが流れるなか、収納されていた鉄道用車輪が降ろされ、車体が持

Chapter 5 中国・四国

ち上がりました。その動きはまるで、ＤＭＶが踊っているよう。外から見ると、ちゃんと前輪、後輪ともにレールに載っています。

鉄道モードで走行する際は、もちろん運転士はハンドルを触っていません。最高時速はだいたい60㎞ぐらいで、レールの継ぎ目を通る時の「カタン、カタン」という音も、まさに鉄道そのものでした。

甲浦駅の手前で再びモードチェンジを行い、今度は鉄道車両からバスに〝変身〟。つまり、バス→鉄道→バスという具合に姿を変えます。終点である海の駅穴喰《ししくい》温泉に着くと、目前に広がるのは太平洋のオーシャンビュー。線路から離れた場所にある観光地にもスムーズにたどり着けるのは、ＤＭＶの大きな強みです。

●なんとか続いてほしい伊予鉄道の坊ちゃん列車

もう一つは、伊予鉄道の観光列車「坊っちゃん列車」です。夏目《なつめ》漱石《そうせき》の小説『坊っちゃん』は松山が舞台で、登場人物が伊予鉄道を利用するシーンが書かれていますが、現在走っている「坊っちゃん列車」は２００１年に復元されたもの。当時の姿を再現するべく、蒸気機関車そっくりの姿となっていますが、実はディーゼルエンジンで走行します。

客車は小説の一文にある通り"マッチ箱のような汽車"で、明治時代の服装を再現した車掌も乗車。『坊っちゃん』の世界にタイムスリップしたような感覚が味わえます。終着駅に着くと、乗務員が人力で機関車をぐるっと回転させます。こんなシーンが見られるのもここだけです。

道路区間を走行するDMV。こうして走っていると鉄道車両には見えませんね。ちなみに運転士は鉄道とバスの両方の運転免許を持っています。

伊予鉄道の「坊っちゃん列車」。道路上を車と一緒に走る姿が何ともユーモラスです。

観光客に大人気の「坊っちゃん列車」ですが、人手不足のため２０２３年から４か月ほど運休していました。伊予鉄道の努力などが功を奏し、現在は運行が再開されていますが、人手不足は鉄道・バス業界で共通の問題。これからも、なんとか「坊っちゃん列車」の運行が続いてほしいものです。

COLUMN 5

青春18きっぷや フリーきっぷの活用術

YouTube 動画「【格安】大阪駅から青春 18 きっぷで 1 日旅行！東西どっちのルートが楽しめるか対決！」より

「乗り放題」＝「降り放題」 気ままに途中下車を楽しもう

旅に出る時は、お得なきっぷをうまく活用したいもの。特に有名なのが、ＪＲの普通列車などに乗れる「青春 18 きっぷ」でしょう。僕が初めて「青春 18 きっぷ」を使ったのは、中学３年生の時。東北方面に向かう際、友人と利用しました。「ムーンライトながら」に乗ったのも良い思い出です。

フリーきっぷの良いところは、指定された路線や列車であれば乗り放題なだけでなく、“降り放題”な点。ひたすら遠くを目指すのもよいですが、目的地までの途中にある駅で気になったところがあれば、気ままに降りてみるのも楽しいです。せっかくなので、フリーきっぷの効力をフル活用しない手はありませんよね。

フリーきっぷ以外でよく使うのが、「ぷらっとこだま」です。特に、普通車の料金に 1300 円ほどプラスするだけで、東京〜新大阪間をグリーン車で移動できるというのはとても魅力的。それほど急いでいない時はこれを使い、車内で動画の編集作業をしたりゆったり寝たりしています。

Chapter

6

九州・沖縄

3つの観光列車が行き交う路線をはじめ、話題が多い九州のローカル線。西九州新幹線の開業当日の模様や、日本一○○なフェリーの乗車記も必見です。震災から立ち上がった鉄道を通じて、「鉄道を残す意義」についても考えてみました。

久大本線《きゅうだい》のD&S列車たち

乗った瞬間から観光気分「D&S列車」が活躍中

D&S列車の元祖「ゆふいんの森」

九州の鉄道を紹介するならば、JR九州の「D&S列車」に触れないわけにはいきません。D&Sとは「Design&Story」の略で、「デザインと物語のある列車」という意味。JR九州の観光列車を指す愛称です。

現在、JR九州は10種類のD&S列車を九州の各地で走らせており、そのうち3つが走っているのが、久大本線です。久大本線は名前の通り、久留米と大分を結ぶ路線。途中に九州有数の観光地である由布院をはじめ、豊かな自然や歴史のある街がいくつもあり、

D&S 列車の元祖、「ゆふいんの森」。写真の車両は 1999 年に導入された「ゆふいんの森Ⅲ世」で、初代編成と似た雰囲気ながら、窓の大きさなどが違っています。

四季を通じて観光客でにぎわっています。

久大本線を走るD&S列車の筆頭は、D&S列車の元祖ともいえる「ゆふいんの森」です。"ヨーロッパの高原リゾート"をコンセプトとした車両は、レトロな外観が特徴的。客室の床は高くなっていて、乗り込むと目の前には吊り橋のような通路があり、ワクワクさせてくれます。床やテーブルには木が使われていて、金色の金具で縁どりされた円形の照明や荷棚がゴージャスな印象です。中間車の売店では、地元の食材を使ったお弁当やおつまみ、地ビールなども販売。列車に乗った瞬間から、まるで由布院を観光しているような気分になれます。

「ゆふいんの森」は1989年に運行を開始。とても好評だったことから、10年後にもう1編成が増備されました。デザインは似ていますが、窓の大きさやサービス設備に違いがあり、乗り比べてみるのも楽しいでしょう。搭載されているエンジンも違うので、"音鉄"の人はぜひその違いを聞き分けてみてください。

●今年デビューした新D&S列車も

久大本線を走る2つめのD&S列車は「或る列車」です。こちらは明治時代に造られた豪華客車をイメージしたデザインで、唐草模様が黒とゴールドを使って表現され、気品あふれる雰囲気。車内も豪華クルーズ列車「ななつ星 in 九州」と同じエッセンスが取り入れられ、その豪華さは全国の観光列車でもトップレベルと断言できます。特に、緻密に組み立てられた組子はすばらしく、僕もしばらく見入ってしまいました。

この「或る列車」は、もともとスイーツ列車として長崎エリアなどでも運転されていたのですが、現在は博多〜由布院間で運行。車内では、世界的に有名なシェフが監修したオ

「ゆふいんの森Ⅲ世」の出入り口付近。隣の車両へは"橋"を渡る構造で、ワクワク感が演出されています。

リジナルのコース料理が楽しめます。料金はちょっぴりお高めですが、その価値が十分ある列車ですので、ぜひ乗ってみてください。

そして、この2024年春からは久大本線に新たなD&S列車、「かんぱち・いちろく」が走り始めました。一風変わった名前は、久大本線の建設に尽力した2人の偉人、麻生観《あそうかん》八《ぱち》と衛《え》藤《とう》一六《いちろく》にちなんだもの。博多発別府行きが特急「かんぱち」、別府発博多行きが特急「いちろく」として運転されます。こちらも車内で趣向を凝らした食事が味わえるほか、中間車には大きな杉の一枚板を使ったカウンターを設けるなど、フリースペースも充実。沿線の景色を、これまでと違ったスタイルで楽しめます。

久大本線を走る、三者三様のD&S列車たち。どれに乗るか、迷ってしまうかもしれませんね。

メタリックなカラーリングが特徴の「或る列車」。車内からは由布岳の雄大な姿を眺められます。

2024年春に新しく登場した「かんぱち・いちろく」。3両編成で、中間車はフリースペースとなっています。

西九州新幹線

〝歴史が変わった瞬間〟を目撃できた一日

開業日はまさに〝お祭り〟状態！

２０２２年９月23日、僕は長崎県にいました。この日、西九州新幹線の武雄温泉〜長崎間が開業。その初日の様子を見に行ったのです。

新幹線が開業するというのは、地域にとってとても大きな出来事です。なんせ、今までの特急列車よりもはるかに速い〝夢の超特急〟が走るわけで、この日も早朝から駅の周りはビックリするほどの人・人・人。その全員から、ついに開業するんだ！というワクワク感があふれ出ていました。地元テレビ局にインタビューされたのもよい思い出です。

西九州新幹線の「かもめ」に使われている車両は東海道新幹線のN700Sを仕様変更した8000番代で、九州新幹線の「つばめ」に似た塗装に。前面のエンブレムがオシャレです。

僕が乗ったのは、長崎発の一番列車「かもめ2号」。運良く指定席をゲットすることができました。長崎駅はもちろん、途中の各駅でも出発式が行われたほか、大勢の人がホームや近くの立体駐車場の屋上、沿線の道路などから手を振っていました。もちろん、僕にではなく一番列車に、ですが、なんだか嬉しくなってこちらも手を振り返しました。上空には空撮のヘリコプターも見えて、まさに歴史が変わった瞬間に立ち会っているんだ!!というのを実感しました。

列車はわずか30分ほどで武雄温泉駅に到着。トンネルが多く、「とにかく最短距離で結ぶ」という意志の表れのように思えました。ここから博多駅までは、在来線の特急「リレーかもめ」に乗り換える必要があるのですが、新幹線と在来線が同じホームに停車し、目の前の列車に乗り換えればいいようになっています。中間改札もないため、乗り換えはいたってスムーズ。全国でもここだけでしか見られない風景です。

ここだけの風景といえば、この時に見に行った「日本でここだけのすごいトンネル」も忘れられません。レンタカーで向かった三ノ瀬トンネルは、上部が崩れるのを防ぐため、山の頂上付近までコンクリートで固められているのです。まるで後頭部をバリカンで刈り上げたような見た目で、いわば「超パワープレイ」。列車に乗っていると気づきにくいですが、様々な工夫と努力が重ねられていました。

前日に乗った在来線の最終「かもめ」

ところで、僕はその前日にも「かもめ」に乗っていました。といっても、こちらはこの日で廃止される在来線の特急「かもめ」です。もちろん、車内はほぼ満席。真っ暗な中を黙々と走る列車に揺られながら、「ここを在来線の特急が走るのもこれが最後なんだ」と、なんだかしみじみとした気持ちになりました。長崎駅で多くの人が到着を待っていたのも、よく覚えています。

深夜1時前に到着し、6時過ぎには一番列車に乗るというハードスケジュールでしたが、この2日間の様子を早く公開したいと思い、その後は武雄温泉で汗を流してから（駅のすぐ近くに温泉街があるんです）すぐに動画を編集。あまり沿線を回ることができなかったので、今度はゆっくりと乗りに行きたいと思っています。

そして、新幹線の高架橋は武雄温泉駅の先にも少し続いていました。ここから博多まで延伸する日が、今から楽しみです。

西九州新幹線の開業まで活躍した在来線の特急「かもめ」。車両は「リレーかもめ」などに転用されました。

武雄温泉駅のホーム。右側に西九州新幹線が、左側に在来線の「リレーかもめ」が停車します。

にちりんシーガイア

豪華な自由席で
多彩な車窓が楽しめる

●日本一の昼行特急列車でのんびり旅行

D&S列車や新幹線が話題のJR九州ですが、在来線の特急列車でもう一つ、ぜひ紹介したいのが、「にちりんシーガイア」です。博多駅と宮崎空港駅を、鹿児島本線・日豊本線経由で結ぶ特急列車で、その走行距離は413.1kmと、在来線を昼間に走る定期列車では最長。約5時間50分という所要時間は、新幹線「のぞみ」の東京〜博多間よりも1時間ほど長く、こちらももちろん最長です。

もっとも、「にちりんシーガイア」は大分〜宮崎空港間を走る「にちりん」のうち1往

787系「にちりんシーガイア」。この車両はもともと鹿児島本線を走る特急「つばめ」用に造られました。現在は「にちりん」のほか「リレーかもめ」などにも使われています。

復が大分駅から博多駅まで延長した形なのですが、その「にちりん」は30年ほど前まで博多と西鹿児島（今の鹿児島中央）を結んでおり、その距離は533．0km、所要時間は8時間以上でした。さらに、当時は大阪～青森間の約1040kmを16時間かけて走る「白鳥」という超ロングラン特急もあった時代。それに比べれば、「にちりんシーガイア」はまだまだ子供といった感じでしょうか。

　とはいえ、これだけの時間を一つの列車で過ごせるというのは、今の日本では

貴重な存在。そして、その車窓にはバラエティに富んだ風景が広がっています。実は、僕が皆さんに「にちりんシーガイア」をおすすめする理由が、まさにこの風景なんです。

海・山・秘境駅・リニア跡……いろんな車窓が楽しめる

博多駅を出発すると、まず「にちりんシーガイア」はビル群の中を走ります。時には複々線となる高架区間を、近代的な電車と頻繁にすれ違いながら走るさまは、まさに都会の列車です。小倉駅で進行方向を変えると、そこからはひたすら日豊本線を南下。時折、周防灘や別府湾といった海が見えたかと思えば、森の中に分け入る山越えの区間もあり、めまぐるしく風景が変わります。

僕がうとうとしている間にも列車は進み、博多駅発車から3時間30分ほど経ったころ、宗太郎峠に差し掛かります。僕の動画でも取り上げたことがある宗太郎駅は、1日に下り列車1本、上り列車2本の計3本しか停車しないという、日本屈指の「ヘタに降りたら終わってしまう駅」。実はすぐ近くを国道が走っていて、「車だと簡単に訪問できるのに列車で訪問するのは超難関」というギャップもポイントです。

再びうとうとし、美々津駅を過ぎたあたりで、線路の横にもう一つの高架橋が見えてき

787系のセミコンパートメント。こんな豪華な座席が自由席として使え、ゆったりと移動することができるんです。

ました。これは、リニアモーターカー宮崎実験線の跡。山梨県に新たな実験線ができるまで、リニアモーターカーの走行実験はここで行われていました。最先端の鉄道技術がここで培われていた証であり、現在は太陽光発電所などとして再利用されています。

二度寝どころか三度寝もできるくらいのんびりと過ごし、終点の宮崎空港駅へ。飛行機や新幹線では味わえない、「時間をかけた移動だからこそ感じられる楽しさ」が堪能できます。たまには、こんな旅もよいのではないでしょうか。

ちなみに、「にちりんシーガイア」で使われている787系には4人掛けのセミコンパートメントがあり、土曜・休日の下り列車以外は自由席として利用できます。リクライニングはできないのですが、大きなテーブルやおしゃれなランプがあり、雰囲気は満点。僕のお気に入りの場所です。

元ビュッフェ車は
客室の天井が
カッコいい！

指宿枕崎《いぶすきまくらざき》線

ＪＲ最南端の路線には美しい景色と〝たまて箱〟が

遊び心満載の「指宿のたまて箱」

特急「指宿のたまて箱」、通称〝いぶたま〟は、鹿児島県にあるＪＲ指宿枕崎線の鹿児島中央～指宿間を結ぶ、日本最南端を走る観光列車です。砂風呂が有名な指宿市は、浦島太郎で知られる竜宮伝説が生まれた地。「指宿のたまて箱」は名前からも分かる通り、この竜宮伝説をモチーフにしたD&S列車です。車両は国鉄型気動車のキハ47形を改造したものですが、車内はまったくといっていいほどの別物。そして、〝開けてびっくりたまて箱〟という仕掛けが満載です。

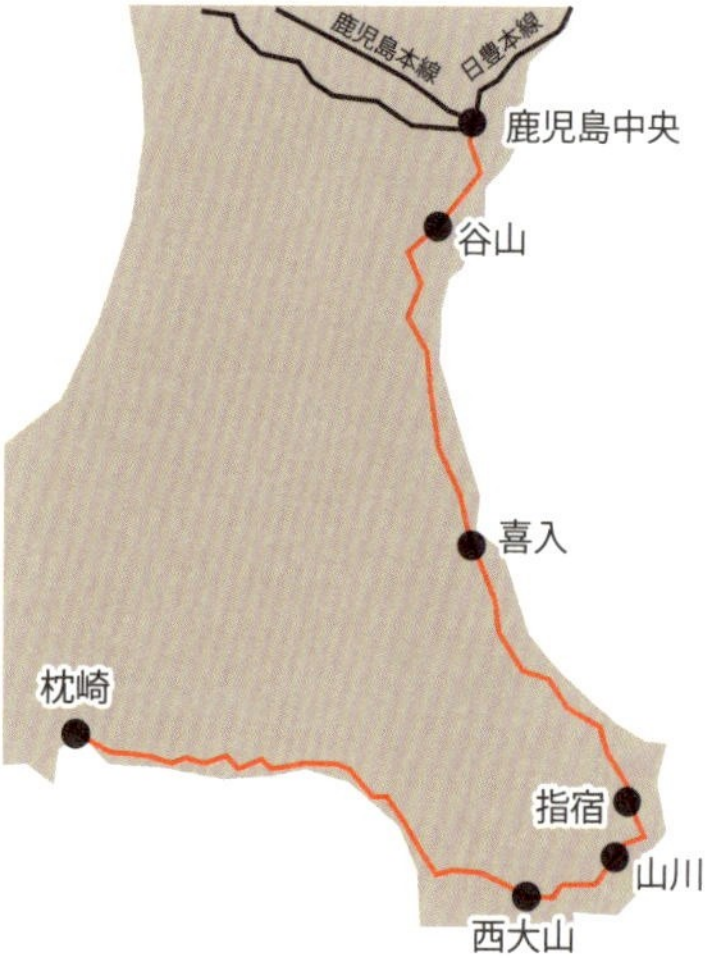

指宿枕崎線のD&S列車「指宿のたまて箱」。カラーリングをセンターで分けた、独特のデザインです。到着時には竜宮伝説にちなんだユニークな演出もあります。

僕が乗ったのは、鹿児島中央駅発の下り列車。塗装は、海側（指宿駅に向かって左側）が白色、山側（向かって右側）が黒色。前面は真ん中で白黒が分かれるという、斬新なデザインです。その由来は、「たまて箱を開ける前と、開けた後の浦島太郎の髪の毛を表現している」だとか。写真を撮るにはなかなか大変なのですが、とてもカッコいいです。

指宿枕崎線は列車から海が見られることもあり、座席の一部が海側を向いた配置となっています。また、木材がふんだんに使われていて、リクライニングシートやソファなど、いろんなタイプの座席があります。僕の座席はソファタイプで、近くには本棚があり、座席にはペットボトルホルダーもありました。この日は満席で、いかに「指宿のたまて箱」が人気のある列車なのかがよく分かります。ちなみに、鉄道好きは通路上にある案内表示器にご注目。表示器は行灯式になっており、次の停車駅が点滅するレトロな仕組みになっています。このように、遊び心もたっぷりな列車です。

鹿児島中央駅から指宿駅までは約1時間。車内でかつおぶしのチップスを買い、これをつまみながら、美しい錦江湾を眺めます。あまりにものんびりとした雰囲気だったので、眠気に襲われそうになりました。

そうこうしているうちに、指宿駅に到着。扉が開くと、その上から白い煙が出てきました。これ、煙ではなくミストで、玉手箱を開けたシーンを再現しているんです。なかなかおもしろい演出ですよね。

JR最南端の「西大山駅」と駅ノート

指宿枕崎線は指宿駅からさらに先へと延びています。終着駅はマグロで有名な枕崎駅で、そこまでの途中にJR最南端の駅、西大山駅があります。この駅は、もともと日本最南端の駅でもありましたが、2003年に沖縄県のゆいレールが開業した時に、その座は返上。

JR最南端の駅・西大山にはこんな看板が。開聞岳が見える位置には大きな標柱も立っています。

一方で、青春18きっぷのポスターに登場するなど、現在もよく知られた存在です。
僕がここを訪れたのは、YouTubeの動画「1週間普通列車だけで日本縦断の旅」の時。夕暮れの西大山駅で降りると、目の前に開聞岳がそびえたち、その均衡のとれたシルエットに心を奪われたのを覚えています。

ところで、西大山駅には駅ノートが設置されています。僕は駅ノートを見つけたら、必ずメッセージを書くようにしています。数年後に再び訪れたときに、過去の自分からメッセージが届くって、楽しくないですか？ 皆さんも、まずは鹿児島中央駅から「指宿のたまて箱」に乗り、時間があれば西大山駅で、僕の書き込みをぜひ見つけてください。

「いぶたま」に乗っても年はとらないのでご安心を！

ゆいレール

日本最南端の鉄道には工夫とオリジナリティが満載

沖縄県唯一の鉄道路線

47都道府県の中で鉄道との関係がもっとも薄い、沖縄県。戦前は県営鉄道などの路線がありましたが、戦後は２００３年にゆいレールが開業するまで、サトウキビを運ぶ離島の産業用鉄道などがあるのみで、一般的な旅客鉄道とは無縁の地でした。それゆえ、ゆいレールが開業する際には「鉄道の乗り方が分からない」という人々もいたことから、利用方法を詳しく解説するパンフレットが用意されたほどです。

開業から20年以上が経った今も、沖縄唯一の鉄道として存在感を放つゆいレールですが、

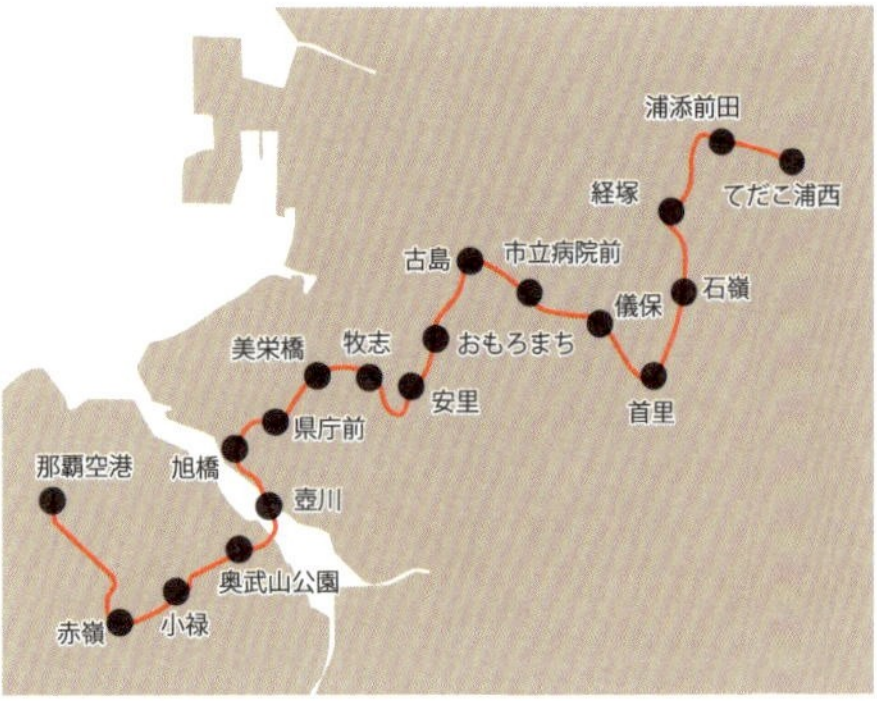

日本最南端の鉄道、ゆいレール。丸みを帯びた先頭部が特徴です。もともと２両編成でしたが、利用者の増加を受けて現在は一部が３両編成となっています。

実はユニークな点がいくつもあることはあまり知られていません。そもそも、ゆいレールはモノレール路線です。現在、日本には鉄道会社が200社ほどありますが、そのうちモノレールは8社だけ。つまり、沖縄には全国でもレアな部類に入る鉄道〝だけ〟がある、ということになります。

　また、那覇空港に直結しているという点も見逃せません。モノレールが空港アクセスを担う唯一の鉄道、というのは、沖縄のほかに大阪国際空港（伊丹空港）だけです。那覇空港と那覇市中心地は少し離れていますが、ゆいレールなら渋滞知らず。空港の利便性向上にも大きく役立っています。

駅や車内で流れるメロディも特徴的です。特に、車内で流れる到着メロディは各駅で異なっており、那覇空港駅は「谷茶前《たんちゃめ》」（駅で流れる発車メロディも同じ曲のフレーズ違いです）、壺川駅では「唐船ドーイ」など、どれも沖縄らしいものばかり。曲名では分かりにくいですが、一度聴いたら忘れられないフレーズで、僕も気に入ってます。お気に入りのメロディを探しながらゆいレールに乗るのも楽しいですよ。

実は最先端な、ゆいレールのきっぷ

現在、ゆいレールではSuicaやICOCAなどの交通系ICカードが利用できますが、初めてゆいレールに乗る時は、ぜひ紙の切符を買ってみてください。というのも、ゆいレールのきっぷは一般的な磁気券ではなく、普通の紙に二次元コードが印刷されており、これを自動改札機の読取部にタッチするというスタイルなんです。

ゆいレールが二次元コード乗車券を導入したのは2014年10月のこと。それまでは他の鉄道と同じく磁気券でしたが、沖縄県特有のトラブルが多発していました。それは、夏の暑さによってきっぷが汗で湿り、自動改札機で紙詰まりするというもの。そこで、きっぷを自動改札機に挿入する必要がない二次元コード乗車券を導入したというわけです。また、二次元コード乗車券は環境にやさしいのも利点の一つ。磁気券は産業廃棄物として処理する必要がありますが、二次元コード乗車券は通常の紙としてリサイクルもできます。関東でも最近、JRや大手私鉄が2026年度以降に二次元コード乗車券を導入するとの発表がありましたが、12年前に実用化していたゆいレールは、時代の最先端を歩んでいるといえます。

鉄道好きにとって、沖縄県はあまりなじみがないところかもしれません。でも、エメラルドグリーンの海はとても美しいですし、国際通りをぶらぶらするのも楽しいもの。ゆいレールの"完全乗車"もしつつ、ゆっくり沖縄観光をしてみてはいかがですか？

指宿枕崎線の西大山駅に代わり、日本最南端の鉄道駅となった赤嶺駅。ちなみに那覇空港駅は日本最西端の駅です。

夏は運転士さんがかりゆしウェアを着ていますよ！

フェリーよなくに

船内のトイレには〝とんでもない設備〟が！

●いざ、〝日本一揺れるフェリー〟と勝負！

日本は世界的に見ても鉄道網が発達した国ですが、それでも鉄道では行けない場所がたくさんあります。離島もそのひとつで、空港がない島はフェリーが唯一の手段となります。

僕は船旅も大好きなので、時間に余裕がある時はフェリーを使うことがあります。日本最西端の島・与那国島を訪れた時も、「行きは飛行機だったから、帰りはフェリーにしようかな」という軽い気持ちでフェリーを選びました。ところが、この「フェリーよなくに」は〝日本で一番揺れるフェリー〟といわれているんです。乗船前に地元の方と話をし

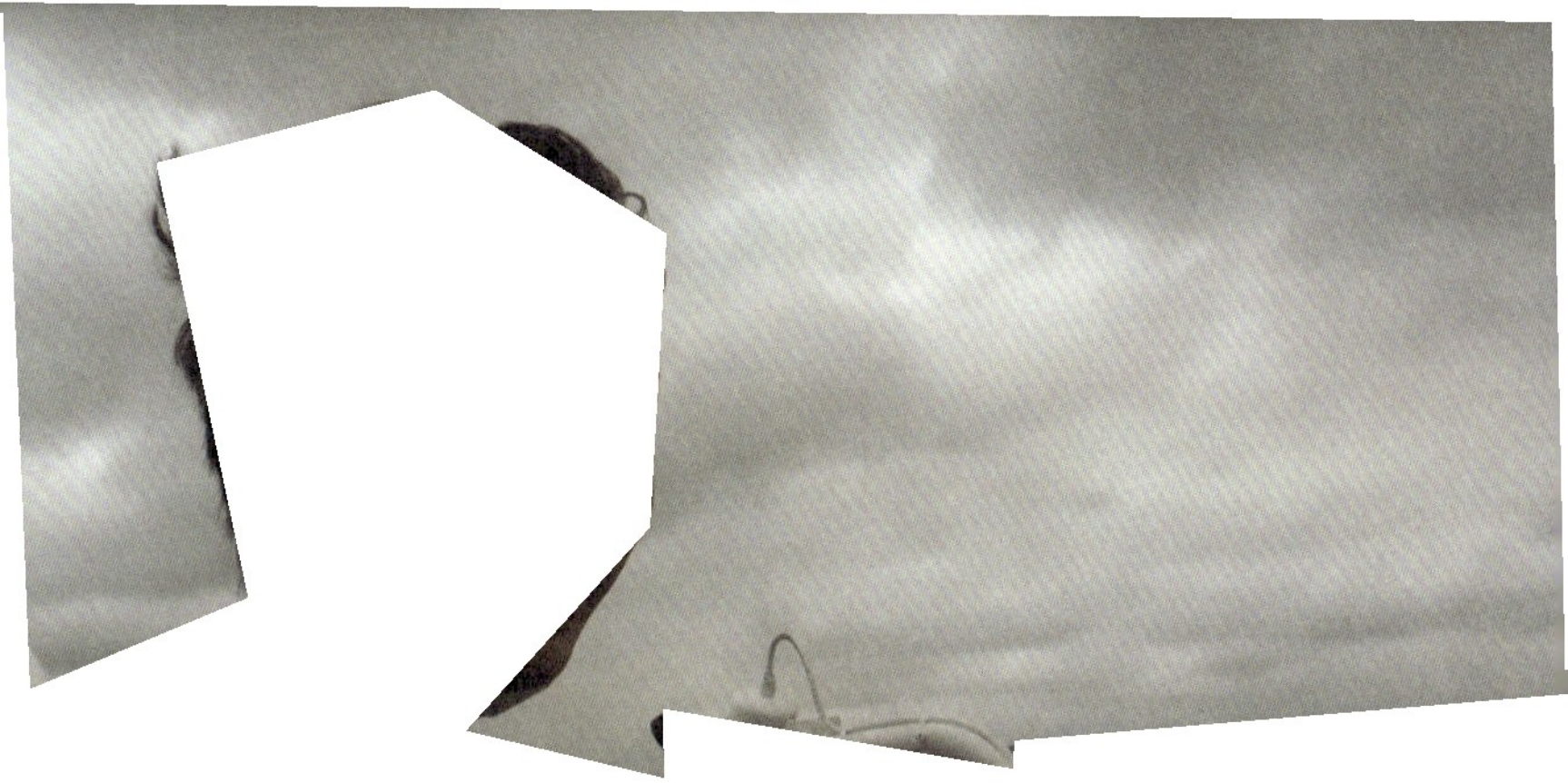

YouTube 動画「【恐怖】日本で一番揺れるフェリー「よなくに」まさかの大荒れクルーズで大絶叫…」より。まさか、こんなに揺れるとは思いませんでした…。

ていたら、「えっ、あのフェリーに乗るの？」とびっくりされるほど。これまで一度も船酔いしたことのない男・西園寺、これは体験しないわけにはいきません。

船内は、広々とした座席に加えてゴロンと横になれる桟敷席や2段ベッドがあり、しかも特別料金は不要。手入れも行き届いていて、とてもキレイです。トイレもウォシュレットが完備……なんですが、その横にはなんと「嘔吐専用のシンク」が。つまり、それほど揺れるということです。大丈夫かなあ……。

そして実際、与那国島の港を出た瞬間から、とんでもない揺れの連続でした。この船は黒潮の流れを横切るため、大きな波が絶えず襲ってくるんです。左右だけでなく、波を乗り越える時には上下の揺れもすさまじく、大げさでなくジェットコースターに乗っているかのよう。僕は船酔いには強いんですが、ジェットコースターは苦手なので、最初は「気分が悪い」というよりも「怖い」という感覚の方が強かったです。

ただ、結果的に僕はこの〝闘い〟に勝利しました。しばらくすると縦揺れにも慣れ、途中で1時間ほど居眠りできたほどです。終わってみれば、約4時間の船旅が「面白かった！」と感じられたほど。機会があればまた乗ってもいいかなあ、と思いましたが、少しでも船酔いの心配がある人は、悪いことは言わないので止めた方がいいです。

●船をうまく使って鉄道旅をさらに楽しく

ところで、僕は鉄道旅の途中でもフェリーを使うことが時々あります。茨城県の魅力（74ページ）で紹介したとおり、大洗港と苫小牧港を結ぶフェリーを利用したことがありますし、関西からは四国や九州方面に向かうフェリーがあり、寝ている間に目的地へ連れて行ってくれる夜行便もあるので、うまく活用すれば鉄道旅の柔軟性がかなり増します。

特に、大阪と別府を結ぶ「フェリーさんふらわあ」や、神戸と高松を結ぶ「ジャンボフェリー」は、船旅の初心者にもおすすめです。瀬戸内海を通るため揺れが少なく、明石海峡大橋や瀬戸大橋をくぐるのも魅力。船から列車が見られる時もあって、ついついその姿を探してしまいます。フリースペースも多く、あちこちを見て回るのも楽しいですし、「さんふらわあ」のビュッフェや「ジャンボフェリー」のうどんコーナーでは、旅先のグルメを“予習”することも可能です。

フェリー、飛行機、バス……いろんな交通機関をうまく使い分けて、より充実した鉄道旅を楽しんでみませんか？

前ページと同じ動画より。こんなに大きな船がとんでもなく揺れるのですから、自然の力とはすごいものです。

フェリーをうまく
活用して、旅をより
楽しくしよう！

南阿蘇鉄道

阿蘇カルデラの中をのんびり走る

●熊本地震から復旧を果たした絶景路線

鉄オタである僕がイチオシの鉄道風景を紹介する『シン・日本の楽しみ方』も、いよいよゴールです。最後にご紹介するのは、熊本県にある南阿蘇鉄道です。

南阿蘇鉄道は、スイッチバックがあることで知られるＪＲ豊肥本線の立野駅から、阿蘇カルデラの中を東へと進みます。途中に、一時は日本で一番長い名前だった「南阿蘇水の生まれる里白水高原駅」があることからも分かるように、この地域は湧水が豊富なところ。あちこちに水源があり、ペットボトルに水を入れて持ち帰る人も多く見られます。

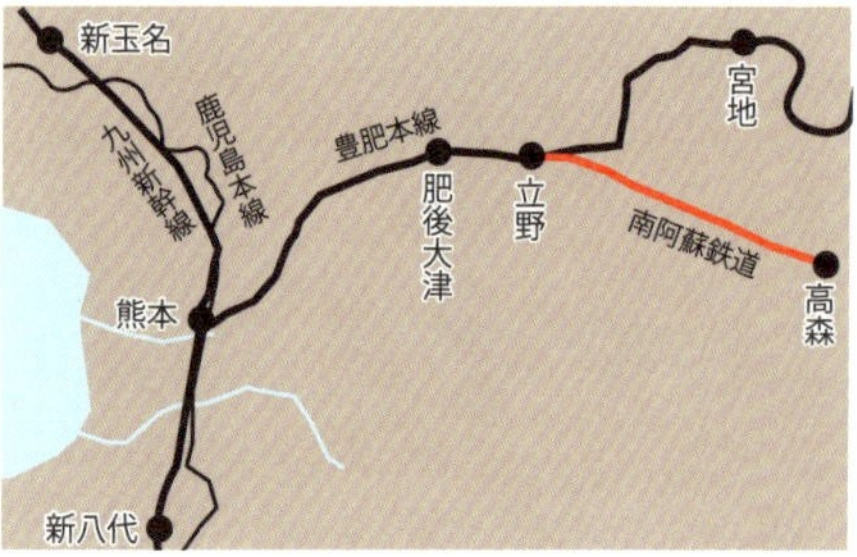

南阿蘇鉄道のトロッコ列車「ゆうすげ号」。阿蘇の自然を満喫できるオープン構造の客車で、熊本地震による被害からの全面復旧に合わせて全線で運行を再開しました。休日は全便満席となるほどの人気です。

そして、この路線のハイライトは、立野駅を出てすぐのところにある第一白川橋梁です。深い谷を越えるトラス構造のアーチ橋で、ここからの眺めはスリル満点。じっくりと景色が楽しめるよう、大半の列車は通過の際に速度を落としてくれます。また、その美しい形は地域のシンボルにもなっており、観光スポットとして見学に訪れる人が多くいました。

２０１６年に発生した熊本地震では、この橋梁が被災し、新しいものに架け替えられました。新橋梁は旧橋梁とほぼ同

じ見た目ですが、これはもちろん意図的。今の地震に耐えられる構造ながら、できるだけ元の姿に近くなるように設計されたそうです。

地震から7年が経った2023年7月、南阿蘇鉄道は全面復旧を果たしました。名物のトロッコ列車「ゆうすげ号」も、全線で運転を再開。車掌さんの沿線ガイドを聞きながら、阿蘇の自然を満喫できます。午前中の普通列車はあらたにJR豊肥《ほうひ》本線への乗り入れも始まり、通勤や通学もより便利に。これからも地域の人々の生活や阿蘇の観光を支える存在として、南阿蘇鉄道は走り続けることでしょう。

地域が選んだ「鉄道を残す」という選択肢

南阿蘇鉄道の復旧では、約70億円とされる費用のほとんどを国が負担しました。同じ九州では、台風による被害を受け、復旧費用が負担できずに廃線となった高千穂鉄道があります。国の支援制度が拡充されたことで、鉄道会社や沿線自治体の費用負担が大幅に軽減され、南阿蘇鉄道は存続することができました。

近年も、全国のあちこちで鉄道路線が廃止されています。僕は、鉄道というものはまず、地元の人のためにあるべきだと思っています。もちろん僕も鉄道が大好きですから、できれば残ってほしいと思いますが、鉄道の本来の目的は移動手段。地元の人々が「バスの方が使いやすい」という判断をするなら、それが尊重されるべきでしょう。

鉄道には鉄道の、バスにはバスの"得意分野"があります。無理に鉄道を残して、結果的に地域の人々が不便となり、結局「鉄道も住民もいなくなった」というようなことだけは避けなければなりません。僕たちがやるべきことは、鉄道を残す、あるいは廃止するという判断を尊重し、時には静かに見守り、時には地域を訪れて利用することではないでしょうか。

阿蘇の人々は、鉄道を残すという判断をしました。残したからには、鉄道にしかできないこと、鉄道だからこそできることで地域を盛り上げてほしい。僕も微力ながら、いろんな形でそのお手伝いをしていきたいと思います。

南阿蘇水の生まれる里白水高原駅。近くには水源が点在していて、美味しい水が無料で味わえます。

これからも
全国の鉄道を
応援します！

COLUMN 6

いま注目している鉄道

新しい座席指定サービスやレストラン列車など乗りたい鉄道がまだまだいっぱい！

関西に住む鉄道ファンの一人として、今もっとも気になる列車は、阪急電車の座席指定サービス「PRiVACE《プライベース》」です。関西では、京阪電気鉄道の「プレミアムカー」やＪＲ西日本の「Ａシート」など、座席指定サービスの波が来ていますが、阪急は言わば“大本命”。もともと高級感のある車両が、「PRiVACE」ではどうなっているのか、早く乗って確かめてみたいです。

それ以外では、全国各地に走っているレストラン列車を制覇したいですね。例えば、ＪＲ八戸線を走っている「TOHOKU EMOTION」。東北の食材がライブキッチンで料理に仕上げられ、僕が好きな東北の景色を見ながら味わえるというのが、すごく気になります。また、京都丹後鉄道の「丹後くろまつ号」は、時間帯でメニューが異なるだけでなく、季節によって運行ルートまで変わるというのがユニークです。

もう一つ気になっているのが、宇都宮ライトレール。路面電車の進化形といえるLRTができたことで、人々が気軽に街へと出られるようになり、とても賑わっているそう。その様子をぜひ見てみたいです。

主な参考文献

・月刊『鉄道ダイヤ情報』（交通新聞社刊）
・月刊『鉄道ファン』（交友社刊）
・月刊『鉄道ジャーナル』（鉄道ジャーナル社刊）
・『JR時刻表』（交通新聞社刊）
・レイルマンフォトオフィス著『全国現役観光列車図鑑』（マイナビ出版刊）
・伊原 薫著『街まで変える鉄道のデザイン』（交通新聞社刊）
・栗原 景著『鉄道へぇ〜事典』（交通新聞社刊）

＊執筆にあたっては、上記に加え各鉄道会社のプレスリリースやwebサイト、広報誌などを参考にいたしました。また、本書に記載している内容は筆者の取材時のもの（一部データは2024年8月時点のもの）です。

おわりに

最近、動画の企画を考えたり視聴者の方からのコメントを見たりしていると、人々が旅に出る〝きっかけ〟が大きく変わってきたと感じることがあります。というのも、以前は旅行会社のパンフレットなどを見て「今回は札幌へ行こう」「草津温泉へ行こう」というように目的地のエリアを先に決め、その中でどこを回るかといった旅行の組み立て方が主流でした。

それが現在は、SNSなどで魅力的な旅館や〝映えスポット〟、グルメなどを目にした人たちが、「これはどこにあるのだろう」と調べ、「これは金沢にあるみたいだから、金沢へ行こう」と旅に出る、という流れが増えています。いわば、旅の組み立て方が逆になっているわけです。映画やアニメのロケ地を巡る〝聖地巡礼旅〟も、これに近いものがあります。

鉄道旅も同様で、鉄道ファンでない多くの人にとっては観光地に向かう単なる移動手段だったのが、近年はさまざまな観光列車が登場したことで、「鉄道に乗る」ということ自体が旅の目的として成立するようになりました。いち鉄道ファンとして、鉄道にスポットが当たるのはとてもうれしいことです。

僕が動画配信を始めてから6年が経ち、YouTubeで公開した動画は750本を超えました。この本で紹介できたのは、その中のほんの一部。収録できなかった列車や路線の方が多いですし、逆に僕がまだ知らない魅力も日本にはたくさんあります。観光とは〝光を観る〟と書きますが、これからも各地の光を拾い集め、世界に向けて発信していきたいと思っています。

この本のタイトルである『シン・日本の楽しみ方』は、旅のあり方が変化していること、その流れの中でいろんな人にいろんな形で旅を楽しんでほしいという思いを込めました。「シン」には、新・神・真など、いろんな漢字があてはめられますが、この本で紹介したさまざまな列車や観光スポットに、この本を読んでくださった皆さんが自分ならではの「シン」を見つけ出し、人生を豊かにする旅へと出てくれたら嬉しいです。

最後になりましたが、この本を手に取ってくださった皆さん、そしていつもYouTubeを見てくださっている皆さんに、心よりお礼を申し上げます。ありがとうございました！

2024年8月吉日　西園寺

西園寺（SAIONJI）
2001年、大阪府高槻市生まれ、兵庫県姫路市育ち。同志社大学在学中。関西を中心とした鉄道や公共交通機関に関する動画を制作・配信する鉄道系YouTuber。観光列車や路線にまつわるトリビアや対決・挑戦、日本全国鬼ごっこなど企画性の高い動画が大人気。鳥取県の鳥鐵旅アンバサダー。

YouTube：西園寺　@saionjichannel
Instagram：@saionji_com
X：@saionji_com

鉄《てつ》オタが熱弁《ねつべん》する
シン・日本《にほん》の楽《たの》しみ方《かた》

2024年９月３日　初版発行
2024年11月15日　３版発行

著者／西園寺《さいおんじ》

発行者／山下直久

発行／株式会社KADOKAWA
〒102-8177　東京都千代田区富士見2-13-3
電話　0570-002-301（ナビダイヤル）

印刷所／TOPPANクロレ株式会社

製本所／TOPPANクロレ株式会社

●お問い合わせ
https://www.kadokawa.co.jp/（「お問い合わせ」へお進みください）
※内容によっては、お答えできない場合があります。
※サポートは日本国内のみとさせていただきます。
※Japanese text only

定価はカバーに表示してあります。

ISBN 978-4-04-607059-3　C0095